RITA, HELP!

senac Panelinha

SUMÁRIO

- 6 — Cozinhar é libertador
- 9 — Com arroz e feijão no prato está resolvida metade do cardápio
- 10 — Dieta brasileira: viva o pê-efe!
- 11 — Classificação dos alimentos por grau de processamento
- 13 — Leia a lista de ingredientes do rótulo
- 14 — Comida de verdade
- 15 — Como limpar os alimentos e a cozinha
- 17 — Higiene da cozinha

1 ARROZ

- **18 — Tudo o que você precisa saber sobre o arroz**
- 20 — Arroz branco soltinho
- 21 — Arroz integral na pressão sem refogar
- 21 — Sobras de arroz integral com talos
- 22 — Arroz frito com frango e cenoura

2 FEIJÃO

- **23 — Aprenda a cozinhar feijão!**
- 25 — Feijão caseiro
- 27 — Sopa de feijão com macarrão
- 27 — Lentilha na pressão

3 PÊ-EFE

- **28 — Ao menos duas hortaliças para turbinar o pê-efe**
- 29 — Chips de couve assada + abóbora assada com alho e sálvia
- 30 — Legumes assados
- 32 — Salada de couve com vinagrete de laranja + chuchu refogado com orégano
- 33 — Refogado x grelhado
- 34 — Abóbora chamuscada com molho de iogurte com coco + vinagrete de chuchu com semente de cominho
- **Outras ideias de combinações de pê-efes**
- 36 — Salada de abobrinha com manjericão + escarola refogada com aliche
- 38 — Cenoura grelhada com molho de curry
- 39 — Salada de tomate + berinjela assada
- 40 — Espinafre refogado + cogumelo shiitake assado com shoyu + alcachofra
- **42 — Grupos alimentares do pê-efe**
- **43 — Pê-efes criativos**
- 44 — Mix de legumes assados + cuscuz marroquino com grão-de-bico
- 45 — Rabanete assado com molho de balsâmico e mel + salada de pimentão grelhado com grão-de-bico e erva-doce
- 47 — Pimentão recheado + salada de lentilha
- 49 — Farofa de cenoura

50 Pê-efes com grelhados perfeitos
51 Bife de contrafilé com molho de limão
52 Filé de peito de frango suculento
53 Carne moída acebolada

4
OVOS E SALADAS
54 **Onze ovos e um segredo**
55 Ovo cozido
55 Ovos cozidos com molho mediterrâneo
55 Ovos mexidos
55 Omelete rústica
56 A fórmula do molho de salada
57 Cocotte de ervilha com ricota

5
SOPA
58 **Canja é um símbolo**
60 Canja de galinha
61 **Uma sopa para se exercitar na cozinha**
62 A fórmula da sopa

6
RISOTO
64 **Risoto fácil ou muito fácil?**
65 Risoto de ervilha e hortelã
66 **Reaproveite até o último grão!**
66 Sopa de risoto
67 **Risoto na pressão**
68 Risoto de espinafre com uva-passa

7
MACARRÃO
70 **Como cozinhar macarrão**
72 Macarrão com refogado de escarola e tomate e farofinha de pão
73 **Sobrou macarrão cozido com molho e agora?**
74 Fritata de espaguete

8
PÃO (E SANDUÍCHE)
75 **Pão quente sem sair de casa!**
76 Chapati
77 **Quem viu, viu, quem não viu...**
78 Crepe
79 Ideias para montar sanduíches saudáveis e gostosos

9
BOLO
80 **Bolo com sabor de vitória**
82 Bolo de cenoura com cobertura de chocolate
83 Bolo de chocolate de caneca

10
BRIGADEIRO(S)
84 **Um doce típico (e uma invenção)**
85 Brigadeiro de chocolate 70%
85 Brigadeiro de tahine

Lista de compras da despensa
86 Ingredientes culinários
86 Os secos e as conservas
87 Os campeões da feira

Assista à série
Rita, Help! Me ensina a cozinhar na quarentena!

COZINHAR É LIBERTADOR

Quando a pandemia da Covid-19 começou a chegar ao Brasil, decidi que minha equipe e eu não pouparíamos esforços para ajudar nossos seguidores. No dia 13 de março de 2020, ainda na redação do Panelinha, fiz uma live para avisar que o estúdio ficaria fechado, até que fosse seguro voltarmos, mas que de casa — cada um na sua — prepararíamos um especial para todo mundo comer direito no período.

O *Rita, Help! #quarentena* entrou no ar 48 horas depois, com informações sobre higienização dos alimentos, despensa básica, alimentação saudável e muitas receitas, claro. E não parou de ser atualizado desde então.

Da cozinha da minha casa, fiz cinquenta lives diárias, sempre ao meio-dia, resgatando a dieta brasileira, com muito arroz e feijão e pelo menos duas hortaliças no prato. Isso organizou a rotina das pessoas — e ainda deixou a alimentação de todos balanceada. E, enquanto eu ensinava as receitas, a equipe do Panelinha respondia às dúvidas culinárias das pessoas que estavam assistindo ao vivo à transmissão.

Foi um serviço. E um baita sucesso. Eu, que vivo tentando convencer as pessoas a entrar na cozinha, nem precisei pedir: a nova rotina levou todo mundo para lá. A questão era outra: muita gente nova chegou ao site, percebendo a importância de saber cozinhar e querendo aprender. Senti que estava na hora de organizar o conteúdo para esse público. Depois de dois meses, as lives deixaram de ser diárias e nasceu o *Rita, Help! Me ensina a cozinhar na quarentena!*, série exibida na TV (claro que foi no GNT, sempre inovador) e no YouTube (Panelinha).

Gravar a série em casa, em família, sem equipe, foi uma loucura. Ficamos todos exaustos. Mas não dava para diminuir o ritmo, justamente quando as pessoas mais precisavam de estímulo para garantir uma alimentação saudável de verdade. Eu mesma fico boba com o tanto de conteúdo que produzimos e a velocidade com que colocamos tudo no ar. Mas tem explicação. Contei no começo do texto que o especial entrou no ar em dois dias, né? Mas não foi em março de 2020 que o Panelinha começou a ensinar as pessoas a cozinhar. Foi em março de 2000. Já resolvemos a alimentação de milhões de brasileiros nesses anos todos. Ou seja, fizemos isso tudo em 48 horas + 20 anos.

DURANTE A QUARENTENA, O PANELINHA COMPLETOU 20 ANOS!

Para produzir todo o conteúdo do site, dos posts nas redes sociais, dos programas de TV, das séries no YouTube e dos livros, o Panelinha, a empresa que criei há 20 anos, tem uma rotina de muita "cozinhança": testes de receitas, montagens de pratos e cenários, sessões de foto e de gravação. Que incrível isso ter funcionado mesmo "de longe", por mensagem e videoconferência. Mas eu fiquei com tanta saudade! Acabamos não fazendo festa de 20 anos do site, mas fizemos um encontro emocionante no fim das lives diárias. Arrumei a mesa da sala e coloquei meus livros marcando os lugares. Então, minha equipe, eu e os seguidores do Panelinha, cada um na sua casa, almoçamos um pê-efe juntos, ao vivo pelas redes sociais. E com pelo menos duas hortaliças. Que vitória!

Quem é freguês do site, dos meus livros e dos meus programas já entendeu que sem priorizar o assunto alimentação é muito difícil conseguir garantir refeições saudáveis. O sistema alimentar atual induz você a trocar a água pelo refrigerante, a fruta pela barrinha de cereal (ou iogurte cheio de aditivos químicos), o arroz com feijão pelo macarrão instantâneo. Desde 2005, o consumo de ultraprocessados — esses produtos que imitam a comida de verdade — cresceu mais de 50% no país. E, não por acaso, hoje, 57% da população brasileira está com excesso de peso. Mas que fique claro, não é uma questão estética! Junto com o aumento da epidemia de obesidade, crescem os números de doenças crônicas não transmissíveis, como a hipertensão, o diabetes e também alguns tipos de câncer.

Aprender a cozinhar é uma questão de saúde pública! É a maneira mais eficiente que cada um de nós, individualmente, tem para combater o sistema alimentar que está levando as pessoas a adoecer. Afinal, quem sabe cozinhar pode fazer melhores escolhas — e não cai nas pegadinhas da indústria de ultraprocessados, ou nos modismos nutricionais, nem fica refém do aplicativo de entrega de comida pronta. É por isso que sempre digo: cozinhar é libertador!

A cozinha é também lugar de esvaziar a mente, firmar os pés no chão e nutrir as relações. Com o tempo, você percebe que, ao se concentrar no corte da cebola, no mexe-mexe da colher de pau na panela e na pitada de sal, acaba driblando a ansiedade. O estresse causado pelas incertezas e pelo caos que estamos vivendo também faz mal à saúde. Nesse sentido, a cozinha é duplamente saudável: para o corpo e para a alma. E isso é só uma parte das vantagens: cozinhar também faz bem para o bolso e para o planeta.

Quem aprendeu a cozinhar durante a quarentena certamente ganhou uma habilidade para a vida toda. Espero que seja o seu caso. Mas, se ainda não está íntimo da cozinha, este livro, feito na quarentena e que concentra todo o conteúdo das lives e da série de TV e do YouTube, vai ensinar o que você precisa saber para garantir comida de verdade na mesa — agora e sempre.

COM ARROZ E FEIJÃO NO PRATO ESTÁ RESOLVIDA METADE DO CARDÁPIO

Eu não canso de repetir: a dieta brasileira tem a solução para muitos problemas da alimentação moderna, evidenciados pela pandemia. Arroz, feijão, duas hortaliças — e um pedaço de carne para quem come carne. Nosso pê-efe é simples, mas só tem vantagens!

É prático
O arroz e o feijão não precisam ser feitos na hora e congelam e descongelam superbem; as hortaliças (legumes e verduras) podem ser refogadas, assadas e algumas não são nem cozidas; a carne pode fazer parte mas não é o centro das refeições. E você não quebra a cabeça com o cardápio!

É econômico
No Brasil, basear a alimentação em comida de verdade é mais barato do que viver de lasanha congelada — e outros ultraprocessados — ou depender de aplicativo de entrega de comida pronta.

É saudável
A dieta brasileira tradicional é baseada em comida de verdade. Produtos ultraprocessados não têm lugar no prato. Essas imitações de comida (carregadas de conservantes, aromatizantes e outros aditivos químicos e com excesso de sal, açúcar e gordura) são as grandes responsáveis pela epidemia mundial de obesidade e doenças relacionadas ao sobrepeso. Quem come arroz e feijão todo dia e baseia o cardápio em alimentos *in natura* e minimamente processados engorda menos.

É balanceado
O que deixa a alimentação equilibrada não é um alimento específico, mas a composição de vários deles no prato. O pê-efe combina de forma balanceada quatro dos cinco grupos alimentares essenciais. Só ficam faltando as frutas, que podem entrar na sobremesa! Metade do prato deve ser de hortaliças; a outra, de arroz e feijão; e um pedaço de carne, para quem come.

É democrático
Vegetarianos e veganos não passam aperto com o pê-efe. Não há necessidade de substituir a carne por versões fake, ultraprocessadas. Basta caprichar no arroz com feijão, que, juntos, formam uma proteína completa. Não há pré-requisito para seguir a dieta brasileira. Mas uma habilidade ajuda muito: saber cozinhar. É muito mais fácil manter uma alimentação saudável quando você domina as panelas.

É da paz
A dieta brasileira é uma bandeira branca na guerra da alimentação. Ela nos lembra que comer também é prazer, não um problema. E ajuda a fazer as pazes com a comida.

DIETA BRASILEIRA: VIVA O PÊ-EFE!

Nesses 20 anos desde que criei o Panelinha, vi a relação das pessoas ser impactada negativamente pelos modismos nutricionais e pela indústria de ultraprocessados. Ora decretam que o problema é a gordura — e as gôndolas dos supermercados ficam repletas de produtos *light* e a manteiga é substituída pela margarina. Depois o problema é o açúcar e, além de todo mundo colocar adoçante no cafezinho, os produtos *diet* invadem casas em que ninguém tem necessidade especial de alimentação. Agora, o vilão é o carboidrato... e o glúten! Nunca para. E, assim, a comida de verdade vira o inimigo.

Rita, Help! O que comer? Bati na tecla do pê-efe todos os dias. Por quê? A dieta brasileira funciona há centenas de anos! Ela foi elaborada, testada por milhões de pessoas! Vale a pena explicar que dieta, no sentido original da palavra, é aquilo que comemos habitualmente, é o padrão alimentar tradicional de uma região. A dieta brasileira não é um regime, como a dieta da lua ou da sopa. No entanto, depois de algumas semanas da quarentena, aconteceu algo muito curioso entre os meus seguidores que toparam me acompanhar nas lives do meio-dia: muitos escreveram para contar que estavam perdendo peso.

Era o oposto do que eu via nas redes sociais. Sem habilidades na cozinha, muita gente mandou ver na comida pronta, emendou um lanche no outro e acabou ganhando peso.

Se você almoça um prato com arroz, feijão e duas hortaliças, não vai abrir um pacote de biscoito recheado às três da tarde. O jeito de comer brasileiro, com um pê-efe na hora do almoço, deixa a refeição bem marcada. Em momentos de incertezas, essa rotina é importante até para a nossa saúde mental.

ARROZ E FEIJÃO: SACIEDADE DURADOURA

Para manter uma alimentação saudável, saber cozinhar ajuda, e muito. Mas, diante do atual sistema alimentar, também é preciso saber diferenciar comida de verdade de ultraprocessados. Você conhece a classificação dos alimentos por grau de processamento?

CLASSIFICAÇÃO DOS ALIMENTOS POR GRAU DE PROCESSAMENTO

O termo comida de verdade não faria sentido nos tempos da minha avó. Para o almoço, ela precisava escolher entre frango e porco, entre alface e repolho. Uma busca por frango no supermercado online resulta em mais de 200 produtos. Tem, claro, o frango inteiro resfriado, congelado, o filé de peito, o sassami... Mas há também o "steak de frango recheado e empanado", "sobrecoxa de frango na brasa temperada ao molho chimichurri", "macarrão instantâneo sabor estrogonofe de frango" (é sério!), "sopa de milho com frango" (basta misturar com água quente), "lasanha de frango à parisiense", sem falar na salsicha de frango, no hambúrguer de frango, na mortadela de frango, no estrogonofe de frango, no nuggets de frango, na batata frita sabor frango!

Conhecer a classificação de alimentos por grau de processamento facilita e muito fazer melhores escolhas alimentares. Reconhecida pela Organização Mundial da Saúde, adotada pelo *Guia Alimentar para a População Brasileira* (documento oficial do país), a classificação NOVA foi criada pelo NUPENS (Núcleo de Pesquisas Epidemiológicas em Nutrição e Saúde da USP). Coordenado pelo professor Carlos Monteiro, o NUPENS desde 2016 é parceiro do Panelinha, com o objetivo de divulgar informações científicas aplicadas no dia a dia das pessoas.

Saiba mais sobre alimentação saudável no site Panelinha.

CLASSIFICAÇÃO DOS ALIMENTOS POR GRAU DE PROCESSAMENTO

GRUPO 1
ALIMENTOS *IN NATURA* OU MINIMAMENTE PROCESSADOS
A base da nossa alimentação.
Alimentos vendidos como foram obtidos, diretamente de plantas ou de animais, ou que passaram por pequenas intervenções, mas que não receberam nenhum outro ingrediente durante o processo.
EXEMPLOS Frutas, legumes e verduras (mesmo os congelados, desde que sem nenhum tipo de aditivo), raízes, ovos, carnes, leite, iogurte natural sem açúcar nem adoçante, arroz, feijão, lentilha, grão-de-bico, ervas frescas e secas, especiarias, farinhas, frutas secas, castanhas e cogumelos.

GRUPO 2
INGREDIENTES CULINÁRIOS
Usados para cozinhar.
Entram nas receitas para preparar (temperar, refogar, fritar e cozinhar) os alimentos *in natura* ou minimamente processados.
EXEMPLOS Sal, açúcar, óleos (de soja, de milho, de girassol etc.), azeite, banha de porco, gordura de coco, manteiga e vinagre.

GRUPO 3
ALIMENTOS PROCESSADOS
Fazem parte mas não são a base das refeições.
Alimentos que passaram por processos semelhantes às técnicas culinárias caseiras: adição de sal, açúcar, óleo ou vinagre; cozidos, secos, fermentados ou preservados por métodos como salga, salmoura, cura e defumação, ou acondicionamento em latas ou vidros.
EXEMPLOS Pães feitos com farinha, levedura, água e sal (aqueles vendidos a granel em padarias e supermercados), massas frescas ou secas, queijos, carnes-secas, bacalhau, conservas, ervilha e milho em lata, atum e sardinha em lata, extratos e concentrados de tomate e frutas em calda ou cristalizadas.

GRUPO 4
ALIMENTOS ULTRAPROCESSADOS
Evite ao máximo.
São formulações feitas nas fábricas a partir de diversas etapas de processamento e que combinam muitos ingredientes, inclusive compostos industriais (como corantes, conservantes, aromatizantes, espessantes, emuslficantes, realçadores de sabor), e outros aditivos, como substâncias sintetizadas em laboratório a partir de carvão e petróleo. Costumam conter muito açúcar, sal e gordura. Devido a essa formulação, são viciantes, por isso tendem a ser consumidos em excesso — e a excluir a comida de verdade.
EXEMPLOS Pratos prontos congelados que vão direto para o forno ou para o micro-ondas (lasanha, pizza etc.), carnes temperadas e empanadas, macarrão instantâneo, molho de tomate pronto, refrigerantes, sucos adoçados (inclusive em pó), mistura para bolo, achocolatado, sopa em pó, caldo industrializado (em cubo, em pó ou no potinho), molho pronto para salada, biscoito recheado, sorvetes, balas e guloseimas em geral, salgadinhos de pacote, barrinha de cereal industrializada, cereais matinais açucarados, bebidas lácteas e iogurtes adoçados e aromatizados, salsichas e pães de fôrma.

LEIA A LISTA DE INGREDIENTES DO RÓTULO

A classificação dos alimentos por grau de processamento chega a causar um alívio: o problema não é o carboidrato nem o glúten, e sim os aditivos químicos! Por isso, para quem consome muitos ultraprocessados, causa também turbulências: lendo a lista de ingredientes do rótulo, a pessoa descobre que eles estão em toda parte, inclusive em produtos fantasiados de saudáveis. *Mas até aquele pão sem glúten que eu comprei para não engordar?* Leva um tempo para entender que não precisa de aplicativo para ficar comparando produtos e trocando o ruim pelo menos pior: tem que virar a chave da alimentação.

APRENDA A FAZER MELHORES ESCOLHAS

Feijão, arroz, farinha, tomate, banana, mesmo que embalados, não têm uma lista de ingredientes no rótulo: dentro do saco de arroz, por exemplo, só tem arroz! É diferente de um molho de tomate pronto, que pode ter, além do tomate, "amido modificado, extrato de levedura, conservador sorbato de potássio, realçador de sabor glutamato monossódico e aromatizantes".

Aprender a classificação de alimentos por grau de processamento ajuda a fazer melhores escolhas. E aprender a cozinhar é fundamental para não ficar refém dos ultraprocessados e da comida comprada pronta em geral. O passo seguinte é fazer as pazes com a comida de verdade.

COMIDA DE VERDADE

Volta e meia me perguntam: *vai, Rita, cá entre nós, nem uma batatinha chips, nem um "refri" de vez em quando?* Até gostaria de dizer que sim, para a pessoa ficar aliviada, mas não seria verdade. Não como ultraprocessados, nem de vez em quando.

Deve haver uma explicação mais embasada, mas para mim o ponto é: a consciência altera o paladar. Quando você percebe o tanto que ultraprocessados são ruins para a sua saúde individual e também do ponto de vista da saúde pública, não consegue comer uma batatinha chips sequer. À medida que aprende a cozinhar e investe mais na sua alimentação, você educa o paladar e sente de longe cheiro de tempero pronto — o sabor de gordura hidrogenada pega na língua, e o glutamato chega a dar dor de cabeça!

Eu como de tudo. Tudo mesmo! Doces, carnes, massas. Mas tem que ser comida de verdade. E, em tempos normais, isso não significa que eu só coma comida feita em casa. Até que saio bastante. Mas no almoço tento manter a rotina do pê-efe.

O conceito de comida de verdade vai além da qualidade nutricional. Tem a ver com o jeito tradicional de preparar e consumir os alimentos. O arroz com feijão marca as refeições, obriga a comer com garfo e faca. Os ultraprocessados não são apenas desbalanceados nutricionalmente; eles estragam os costumes, pois excluem a comida de verdade da mesa e incentivam as pessoas a comer em qualquer lugar — no carro, andando, ao lado do teclado. Isso é um desastre para a alimentação.

A bagunça é tanta que até respinga na comida de verdade. Muita gente conclui que, se um bolo é caseiro (feito com cacau, farinha, ovos, manteiga e açúcar), é comida de verdade; logo, pode comer no lugar do arroz com feijão! Aí é que entra o nosso "jeito de comer": seus avós ou bisavós almoçavam bolo?

Você tem um livro inteiro para refletir sobre os ajustes na sua alimentação. Agora é hora de arregaçar as mangas: você vai aprender os básicos sobre higiene dos alimentos e da cozinha; vai conhecer o passo a passo do arroz, do feijão (e de muitas outras receitas); e ainda vai ver como montar a lista de compras. Cozinhar vai mudar a sua vida — na quarentena e para sempre!

COMO LIMPAR OS ALIMENTOS E A COZINHA

Saber cozinhar vai muito além de mexer o risotinho na panela. Desculpa ter que contar isso numa hora dessas, mas saber higienizar os alimentos, limpar a cozinha *AND* lavar a louça faz parte do rolê todo.

Antes de pegar essa bucha, alguns esclarecimentos da Agência Nacional de Vigilância Sanitária (Anvisa), baseados em informações da Organização Mundial da Saúde:

- Não há nenhuma evidência de que a Covid-19 seja transmitida por alimentos.
- Esse grupo de vírus não resiste ao calor do cozimento dos alimentos (em torno de 70 °C).
- O vírus sobrevive melhor em superfícies lisas, como plástico e vidro; e menos em superfícies porosas, como papelão e alimentos em geral.

Por isso:

- Prefira comprar alimentos a granel, fora da embalagem (o conceito descasque mais e desembrulhe menos ganhou nova força).
- Passe um pano com álcool nas embalagens plásticas que entrarem na sua casa.

Siga as práticas de higiene de sempre. Vamos revisá-las e destacar casos que costumam levantar mais dúvidas:

Alimentos consumidos crus e inteiros (com casca)

1. Lave bem sob água corrente para eliminar sujeiras visíveis, como terra (use a escova para legumes).
2. Encha a bacia ou mesmo a cuba com água e misture o sanitizante de sua preferência, seguindo as orientações da embalagem. No caso da água sanitária, calcule 1 colher (sopa) para cada litro de água. Meça tudo como se fosse uma receita, usando a colher do jogo de medidores-padrão! Em geral, os alimentos devem ficar entre 10 e 15 minutos mergulhados na solução.
3. Em vez de escorrer a água, retire o alimento da bacia ou cuba: assim, as sujeirinhas ficam na água e não voltam a ter contato com o alimento.
4. Enxágue sob água corrente, seque bem e guarde.

Alimentos consumidos cozidos

Alimentos que serão cozidos não precisam passar pela solução com sanitizante — a temperatura de cozimento elimina vírus, bactérias e micro-organismos em geral. Neste caso, lave bem o alimento sob água corrente para eliminar sujeiras visíveis, como terra. Se quiser, pode lavar com sabão e uma escova de legumes, mas enxágue muito bem.

Para maços de verduras e legumes

A higienização daquelas hortaliças em maços, como brócolis, couve-flor, salsão, alho-poró e erva-doce, que têm pouca durabilidade, deve ser feita apenas na hora de usar. Para isso, corte o maço e lave os pedaços que vão ser consumidos. Caso vá servir crus, deixe de molho na solução sanitizante.

No caso de verduras como repolho, acelga e alface, com maços de folhas volumosos, descarte apenas as folhas externas e também lave apenas na hora de usar. Se for preparar salada, corte, lave com água numa tigela, retire as folhas (para que as sujeirinhas fiquem no fundo), troque a água e deixe de molho na solução sanitizante. Depois de 10 a 15 minutos enxague em água corrente, antes de consumir. (Como as folhas são muito grudadinhas, o ideal é deixar de molho depois de cortar.) Se for cozinhar, não há necessidade de deixar de molho.

Frutas

As frutas que não são consumidas com a casca não precisam ser lavadas. É o caso do melão, melancia, laranja, mamão, manga, limão, mexerica, abacate e maracujá. Se preferir higienizar, lave apenas com água e sabão, enxágue, seque bem e guarde. No caso da banana, atenção: lave com cuidado para não deixar água e sabão entrarem em contato com a polpa (se preferir, use uma faca de legumes ou tesoura para separar as bananas sem que elas percam o cabinho e corram o risco de ter a casca rasgada).

Ovos

Retire da embalagem do supermercado e transfira para um porta-ovos, tigela ou pote. Armazene nas prateleiras (e não na porta) da geladeira — quanto menos oscilação de temperatura melhor. Quando tirar um ovo da geladeira, deixe em temperatura ambiente por, no máximo, 2 horas. Lave os ovos sob água corrente apenas na hora de usar, seja qual for o método de preparo. A casca do ovo tem uma proteção natural que dificulta a entrada de micro-organismos. Caso os ovos sejam lavados com muita antecedência, a casca perde essa camada protetora.

> Alô, famílias! Transformar a hora de lavar a louça numa tarefa em equipe dá uma sensação de vitória. Um retira o excesso de comida e gordura, o outro lava, o terceiro seca e, se tiver mais filho, outro guarda. Tem mais um? Pode ir passando aquele pano no chão. No caso dos solteiros, o truque é encaixar a lavagem no preparo: enquanto o caldo ferve ou o frango termina de assar, aproveite para lavar os utensílios que usou para preparar a receita. No site Panelinha tem muitas dicas para organizar a lavagem.

Veja como organizar a lavagem da louça no site Panelinha.

HIGIENE DA COZINHA

Pia e bancada: lave com água e sabão (separe uma bucha só para isso). E quando fizer compras, arrume tudo e depois lave as superfícies de trabalho com água e sabão de novo.

Bucha de lavar louça: lave também com detergente e retire o excesso de água. Troque a bucha regularmente.

Tábua e facas: lave com água e sabão. Depois de cortar carnes cruas, lave a faca e a tábua de novo.

Faça a higienização periódica da tábua (seja de bambu, madeira ou polietileno): pelo menos 1 vez por mês, mergulhe a tábua já lavada na solução de água sanitária + água (1 colher [sopa] para cada litro de água). Deixe completamente imersa por 15 minutos. Depois lave com água e sabão e deixe secar bem antes de guardar. Se a tábua for de madeira ou bambu, depois de seca, você pode aplicar uma camada de óleo mineral (compre na farmácia) e deixar secar novamente. Espátulas, colheres, pinças de bambu ou madeira devem passar pelo mesmo processo ao menos uma vez por mês.

AS MEDIDAS-PADRÃO

As receitas deste livro, assim como todas as do Panelinha, foram testadas com medidores-padrão — que são utensílios próprios para cozinhar. É diferente de usar uma xícara de tomar chá, que não necessariamente vai comportar os 240 ml da xícara medidora. O mesmo vale para o jogo de colheres. O material e o formato não importam. Podem ser de plástico, de inox, de porcelana. O jogo pode ser redondo, oval, tanto faz. Esses medidores-padrão garantem que a proporção entre os ingredientes de cada receita seja exatamente a mesma na minha cozinha de testes e na sua casa.

XÍCARA = 240 ml
COLHER (SOPA) = 15 ml
COLHER (CHÁ) = 5 ml

O que você precisa ter?

Um jogo de xícaras medidoras ou um medidor que marque pelo menos as seguintes medidas fracionadas: ¼, ⅓, ½.

Um jogo de colheres medidoras que tenha: 1 colher (sopa), 1 colher (chá), ½ colher (chá), ¼ de colher (chá).

> No vídeo "25 utensílios de cozinha indispensáveis", no canal Panelinha no YouTube, mostro o arsenal para deixar a vida mais prática na cozinha.

Veja uma lista de utensílios indispensáveis no site Panelinha.

1. ARROZ

TUDO O QUE VOCÊ PRECISA SABER SOBRE O ARROZ

Com arroz e feijão no prato, está resolvida a metade do cardápio! Não me canso de dizer essa frase. Ela já virou até uma daquelas minhas camisetas que todo mundo ama. Mas o arroz vai além. As sobras se transformam em pratos novinhos em folha. A seguir, você vai aprender tudo isso. Mas o primeiro passo é conseguir preparar um arroz soltinho e perfumado. Siga a receita passo a passo e leia as considerações ao lado.

Proporção

No caso do arroz branco, soltinho, a proporção é sempre de uma medida de grãos para duas de água. A regra só muda para fazer medidas inferiores a ½ xícara: aí, vai mais água. Mas não vale a pena preparar menos que 1 xícara de arroz, mesmo que você more sozinho, porque ele dura até 3 dias na geladeira e 3 meses no congelador.

Atenção: na panela convencional, o arroz integral precisa de 3 xícaras de água para cada xícara. Na panela de pressão (tem receita a seguir!), use 2 xícaras de líquido para cada xícara de arroz.

Perfume

Tradicionalmente, cebola e louro já dão sabor e aroma para os grãos. Mas você pode usar alho se quiser. O único ponto é que ele cozinha mais rápido que a cebola. Por isso, só entra na panela depois que a cebola estiver refogada — ou vai queimar e deixar um gosto amargo.

Na pressão

Dá para preparar o arroz branco na pressão, mas ele não fica tão soltinho. Por isso, não vou estimular. Mas, se quiser arriscar, ele cozinha em 5 minutos. A proporção é de 1 xícara (chá) de arroz cru para 1½ xícara (chá) de água. Antes, prepare pelo menos uma vez a receita na panela convencional para poder comparar.

Precisa lavar?

Leia com atenção a receita a seguir, separe os ingredientes e já pra cozinha. Você vai ver que o passo "lave o arroz" não está incluso. Sabe por quê? Não precisa! Isso já é feito para você no processo de industrialização. *Ai, Rita, mas a minha mãe e a minha avó lavavam o arroz...* Você é livre, meu amor! Mas, se lavar, deixe secando uns 20 minutos. Senão, vai empapar.

Variação

Na receita a seguir, estão todas as técnicas para o seu arroz ficar perfeito. Assim que você pegar o jeito do arroz soltinho, pode fazer mil variações. Crie novos refogados, com gengibre + curry ou cenoura + cebola + salsão, e prove finalizações espertas, como furikake de couve, castanha-de-caju, raspinhas de limão (tem muitas ideias no site Panelinha). Também dá para variar os tipos de arroz, como cateto, basmati ou integral.

Para a semana

Você não precisa preparar arroz do zero todos os dias. Pode preparar duas vezes por semana, armazenar e aquecer ou aproveitar as sobras para juntar a outros alimentos e transformar em prato principal. Logo mais dou algumas ideias.

Para aquecer

Eu uso o micro-ondas. Borrife ou pingue um pouco de água e aqueça em um recipiente com tampa (pode cobrir com um prato), para criar um vapor.

Congele!

Aproveite as sobras de arroz e vá congelando. O arroz congelado vai direto para a panela. Você também pode preparar a mais e congelar. Se quiser usar o micro-ondas, a cada minuto, pare e solte os grãos com um garfo, até descongelar completamente.

arroz branco soltinho

TEMPO 20 minutos   **SERVE** 4 porções

1 xícara (chá) de arroz
2 xícaras (chá) de água
½ cebola
1 colher (sopa) de azeite
1 folha de louro
½ colher (chá) de sal

1. Descasque e pique fino a cebola. Numa chaleira, ou panelinha, leve um pouco mais de 2 xícaras (chá) de água ao fogo baixo. (Como ao ferver a água evapora um pouco, é sempre prudente colocar um pouco mais de água do que o necessário. Depois você mede novamente.)
2. Leve uma panela média ao fogo baixo. Quando aquecer, regue com o azeite e acrescente a cebola. Tempere com uma pitada de sal e refogue por cerca de 2 minutos, até murchar. Isso quer dizer: mexa com vigor para que todos os pedacinhos cozinhem de maneira uniforme.
3. Junte o louro e acrescente o arroz. Mexa por 1 minuto, para envolver todos os grãos com o azeite — isso ajuda a formar uma película de azeite no arroz, que vai deixar os grãos soltinhos depois de cozidos.
4. Meça 2 xícaras (chá) da água fervente e regue o arroz. Tempere com o sal, misture bem e aumente o fogo para médio. Não mexa mais. Atenção: não mexa mais, mesmo!
5. Agora, preste atenção no nível da água. Em cerca de 7 minutos, ela deve atingir o mesmo nível do arroz. Quando isso acontecer, diminua o fogo e tampe parcialmente a panela.
6. Deixe cozinhar até que o arroz absorva toda a água, mais uns 8 minutos. Para verificar se a água secou, use o garfo para afastar delicadamente alguns grãos do fundo da panela; se ainda estiver molhado, deixe cozinhar mais um pouquinho. Senão, desligue o fogo.
7. Assim que você desligar o fogo, tampe a panela e deixe o arroz terminar de cozinhar no próprio vapor por 5 minutos. Em seguida, solte os grãos com um garfo. Está pronto para servir!

Como você me ajuda! Hoje me arrisco a cozinhar o que jamais imaginei que conseguiria. Muito obrigado!
Josenir Barbosa

ARROZ INTEGRAL NA PRESSÃO SEM REFOGAR

O resultado desse método de cozimento é um arroz mais leve, porém, ainda assim, bem perfumado. Em vez de picar, corte a cebola na metade, descasque e espete nela uma folha de louro com dois cravos-da-índia. Na panela de pressão, coloque 1 xícara (chá) de arroz integral do tipo longo, 2 xícaras (chá) de água fervente e a metade da cebola cravejada com 1 folha de louro (e 2 cravos-da-índia). Tempere com ½ colher (chá) de sal, regue com um fio de azeite e misture bem. Tampe e leve ao fogo alto. Assim que a panela começar a apitar, abaixe o fogo e deixe cozinhar por 10 minutos. Desligue o fogo e deixe toda a pressão sair antes de abrir a panela. Pesque e descarte a cebola cravejada e solte os grãos com um garfo. Caso ainda tenha um pouco de água no fundo da panela, leve ao fogo médio e mexa bem, até secar. Sirva a seguir.

sobras de arroz integral com talos

Dois reaproveitamentos em uma receita só! Os talos aqui são de espinafre, mas dá para usar talos de couve, de salsinha, de coentro...

Lave, seque e pique fino 8 talos de espinafre — os talos são bem fibrosos, por isso precisam ser picados e refogados. Descasque e passe 1 dente de alho pelo espremedor. Leve uma panela média ao fogo médio para aquecer, regue com 1 colher (sopa) de azeite, acrescente os talos, tempere com uma pitada de sal e refogue por cerca de 3 minutos, até murchar. Abaixe o fogo e misture 2 xícaras (chá) de sobras de arroz (pode congelar aos poucos, durante a semana). Dá para colocar o bloco de arroz congelado direto na panela. Nesse caso, coloque o refogado sobre o arroz e regue a panela com ½ xícara (chá) de água e tampe. Mantenha em fogo baixo, até o arroz descongelar, por cerca de 5 minutos — mexa de vez em quando para soltar os grãos. Se o arroz não estiver congelado, coloque apenas ¼ de xícara (chá) de água e tampe.

Assim que o arroz aquecer, abra a tampa para a água terminar de evaporar, mas não deixe ressecar — caso a panela não seja antiaderente, cuidado para o arroz não grudar no fundo. Ele deve ficar levemente úmido. Sirva a seguir.

arroz frito com frango e cenoura

Nesta sugestão, as sobras de arroz viram prato principal! Aqui, usei frango, mas você pode usar sobras de carne de panela, de peixe assado ou simplesmente incluir mais legumes, como abobrinha em cubos.

TEMPO 20 minutos   SERVE 2 porções

1 xícara (chá) de arroz cozido
½ xícara (chá) de peito de frango cozido e desfiado
1 cenoura
2 colheres (sopa) de manteiga
1 colher (chá) de azeite
¼ de xícara (chá) de água
1 pitada de canela em pó
¼ de colher (chá) de páprica
2 colheres (sopa) de salsinha fresca picada
sal a gosto

1. Descasque e passe a cenoura pela parte grossa do ralador.
2. Leve uma frigideira média antiaderente ao fogo médio para aquecer. Coloque a manteiga e, assim que derreter, adicione o frango desfiado. Caso o frango não esteja temperado, adicione uma pitada de sal e deixe dourar por cerca de 3 minutos, mexendo de vez em quando.
3. Transfira o frango para um prato e mantenha a frigideira em fogo médio. Regue com o azeite, acrescente a cenoura, tempere com uma pitada de sal e refogue por 3 minutos, até murchar.
4. Junte o arroz, o frango dourado e mexa por 2 minutos para aquecer. Tempere com as especiarias, adicione a salsinha picada e misture bem. Regue aos poucos com a água, misturando para deixar o arroz úmido e unificar os sabores. Sirva a seguir.

O que me marcou muito foi a linha condutora do arroz e feijão. Nossa! Isso está me ajudando muito, muito, muito vezes muito. Porque me deu uma forma de organização que faltava (antes eu complicava demais o cardápio e perdia muito tempo na cozinha sem planejar, tentando fazer coisas mirabolantes todo dia). Então combinei com a família (Ah! todos estão participando e meu marido também é freguês e fã) que dia de semana é arroz, feijão e duas hortaliças.
Camila Abrunhosa

2. FEIJÃO

APRENDA A COZINHAR FEIJÃO

Chegou a vez do feijão! Ele vai dar uma aula de planejamento, porque pode ser preparado uma vez por semana, porcionado, congelado e só precisa ser refogado antes de ir à mesa. Assim, você consegue feijão fresquinho todos os dias, sem ter que cozinhar do zero a cada refeição.

Uma observação: o feijão temperado não deve ser congelado, porque fica com aquela textura farinhenta, típica do requentado. Isso acontece porque o sal acelera a expansão da cadeia de amido do grão. Então, para preservar as características sensoriais ao máximo, deixe para temperar na hora de servir. E tem mais um motivo para não congelar o feijão já temperado: você pode variar os temperos a cada refeição! E pode transformar as sobras temperadas na maravilhosa sopa de feijão. (Tem receita a seguir.)

Rendimento

Um quilo rende de 15 a 20 porções, dependendo da casa. Mas você não vai conseguir cozinhar de uma vez — a não ser que tenha um caldeirão. De todo modo, teria que ter bastante espaço no congelador. Cada xícara (de feijão medido cru) serve bem de 3 a 4 porções. A nossa receita-padrão, que está a seguir, é feita com 2 xícaras. E você pode duplicar a receita para cozinhar a mais.

Molho e remolho

Lembra daquela tigela cheia d'água e feijão que ficava à noite na cozinha da casa da sua avó? Era para hidratar os grãos. Assim, eles cozinham em menos tempo e não quebram. E mais: ajuda a tirar as substâncias que deixam o feijão indigesto, provocando aquela festa de São João na sua barriguinha. Melhor ainda se no meio do caminho você trocar a água. Isso tem até nome: é o remolho.

Como cozinhar na panela de pressão

Escorra a água do remolho e, para cada xícara (chá) do feijão medido seco, junte 3 xícaras (chá) de água e 1 folha de louro. (Não meça o feijão hidratado!) Leve ao fogo alto e, quando a panela começar a apitar, abaixe o fogo e conte 10 minutos de tempo de cozimento. Desligue, aguarde a pressão sair completamente e tempere — ou congele em porções, com o caldo.

Na panela convencional

Escorra a água do remolho e, para cada xícara (chá) de feijão, junte 8 xícaras (chá) de água e uma folha de louro. Ele vai levar mais tempo para cozinhar, portanto precisa de mais água. Cozinhe com a tampa entreaberta e comece a contar o tempo de cozimento depois que ferver. Leva mais tempo do que na panela de pressão, entre meia hora e uma hora. Fique de olho. Mexa de vez em quando e deixe cozinhar até o grão ficar macio.

Varie o tempero

Vamos excluir o tempero pronto da despensa? Com ele, você acaba ultraprocessando a comida caseira. Para temperar o feijão cozido, preparamos um belo refogado, que vai temperar e engrossar o caldo.
Funciona assim: para cada xícara (chá) do feijão cru, considere ½ cebola picadinha (ou uma cebola pequena) e uns 3 dentes de alho picados. Refogue a cebola em 1 colher (sopa) de azeite, até ficar bronzeada; junte os dentes de alho e mexa por 1 minuto; coloque uma concha do feijão cozido e amasse bem, até formar um purê; vá juntando o feijão e o caldo e temperando com sal. Deixe cozinhar por mais alguns minutos, até ficar no ponto que você gosta.

Legumes aromáticos

Opa! Vamos variar esse tempero! Junte ao refogado outros legumes:
❖ Cenoura ralada
❖ Salsão picado
❖ Tomate em cubos
❖ Beterraba ralada
❖ Gengibre ralado

MAIS LEGUMES: quem tem filhos pequenos pode dar uma turbinada no feijão e incluir outros legumes em cubinhos no refogado, como abobrinha, vagem, abóbora...

Especiarias
Cominho é um clássico. Páprica também. Mas você pode incluir cúrcuma, coentro em pó...

Ervas frescas
Podem ser adicionadas ao refogado, como no caso do alecrim, tomilho, sálvia e cebolinha; ou no feijão já pronto, como salsinha e coentro. Elas também ajudam a temperar o feijão.

Para variar o tempero
Além da cebola e do alho, inclua mais um legume aromático, uma especiaria e uma erva. Veja algumas ótimas ideias:
- Pimenta calabresa e erva-doce
- Tomilho fresco e coentro em pó
- Tomilho fresco e páprica
- Salsão picado e cominho
- Pimentão picado e cominho
- Gengibre em pó (ou fresco ralado) e cebolinha
- Alecrim e tomate

Para finalizar o feijão
Olha quantas ideias simpáticas!
- Salsinha
- Coentro
- Cebolinha
- Caldo de limão
- Tomate picadinho
- Leite de coco no feijão-preto

feijão caseiro

Prepare logo duas xícaras de feijão, que rendem cerca de oito porções. Uma parte você já tempera na hora, a outra porciona e congela. Há inúmeras maneiras de temperar, e a ideia é mesmo variar o refogado. Mas, para quem nunca preparou feijão, explico o passo a passo mais simples — depois que você pegar o jeito, veja mais de 70 boas ideias no www.panelinha.com.br!

TEMPO 30 minutos + 12 horas de molho
SERVE 8 porções

para o remolho

2 xícaras (chá) de feijão-carioca (ou rosinha)
4 xícaras (chá) de água

1. Coloque o feijão numa peneira e lave sob água corrente. Transfira os grãos para uma tigela e cubra com a água — se algum boiar, descarte.

2. Cubra a tigela com um prato e deixe o feijão de molho por até 12 horas. Troque a água uma vez nesse período — o remolho diminui o tempo de cozimento e elimina as substâncias que deixam o feijão indigesto. Se preferir, deixe o feijão de molho na noite anterior ao preparo.

para cozinhar

6 xícaras (chá) de água
½ cebola
1 dente de alho
2 colheres (sopa) de azeite
2 folhas de louro
sal e pimenta-do-reino moída na hora a gosto

1. Descarte a água do remolho. Transfira os grãos para a panela de pressão, cubra com a água e junte as folhas de louro.
2. Tampe a panela e leve ao fogo alto. Assim que começar a apitar, abaixe o fogo e deixe cozinhar por mais 10 minutos. Desligue o fogo e deixe todo o vapor sair antes de abrir a panela.
3. Enquanto o feijão cozinha, descasque e pique fino a cebola e os dentes de alho.
4. Leve uma frigideira ao fogo baixo. Quando aquecer, regue com o azeite, junte a cebola e tempere com uma pitada de sal. Refogue por cerca de 3 minutos, até murchar, adicione o alho e mexa por mais 1 minuto para perfumar.
5. Divida e reserve metade do feijão cozido para congelar.
6. Acrescente 2 conchas do feijão cozido, com um pouco do caldo, misture e amasse os grãos com a espátula — esse purê ajuda a engrossar o caldo.
7. Transfira o refogado com os grãos amassados para a panela com o feijão cozido. Tempere com sal e pimenta a gosto, misture e deixe cozinhar em fogo baixo, sem tampa, por mais 10 minutos ou até o caldo engrossar — esse tempo pode variar de acordo com a consistência desejada, mais ralo ou mais cremoso. Mexa de vez em quando para não grudar no fundo da panela. Desligue o fogo e sirva a seguir.

Obs.: fica uma delícia servido com caldo de limão.

Para congelar

O melhor é congelar o feijão neutro, temperado apenas com uma folha de louro. Assim, na hora de descongelar, você pode soltar a imaginação e colocar o que quiser no refogado. A medida é duas conchas por pessoa por refeição. Porcione de acordo com os seus hábitos.

Saquinhos para congelar ou marmitas descartáveis são as escolhas mais práticas. Os saquinhos podem ir deitados ao congelador: ocupam menos espaço e dá para empilhar. Anote com uma caneta permanente a quantidade e a data de validade. Se for usar potes de vidro, preencha no máximo até ¾, pois o líquido expande ao congelar. Validade: 3 meses.

Para descongelar

Na geladeira: o ideal é tirar do congelador e passar para a geladeira no dia anterior, para o feijão descongelar lentamente. Pode ser pela manhã, caso vá refogar para o jantar.
Na panela: prepare um belo refogado e coloque o feijão congelado direto na panela. Tampe e mantenha o fogo sempre baixo, para não correr o risco de queimar. Assim, o feijão descongela no próprio vapor e termina de engrossar.

sopa de feijão com macarrão

Sobrou feijão já temperado? Viva! Vamos transformar em sopa. Com macarrãozinho, é um clássico. Numa panela média, em fogo médio, refogue 1 cebola picada fino em 1 colher (sopa) de azeite, por cerca de 5 minutos, até dourar bem. Já sabemos que refogar é cozinhar sem parar de mexer, certo? Junte ½ cenoura ralada, 1 talo de salsão picado em cubinhos e refogue por 3 minutos, até murchar. Adicione 2 dentes de alho picados fino e mexa por 1 minuto para perfumar. Acrescente 1½ xícara (chá) de feijão cozido e temperado, com o caldo, e misture com 1 xícara (chá) da água. Mantenha em fogo médio até aquecer. Transfira para o liquidificador e bata até ficar liso. **Atenção:** segure a tampa com um pano para evitar que o vapor quente empurre e abra a tampa. Volte o caldo de feijão batido para a panela, junte mais 2 xícaras (chá) de água e leve ao fogo alto até ferver. Diminua o fogo para médio, tempere com sal e cozinhe por 5 minutos, para incorporar os sabores. Acrescente 1 xícara (chá) de macarrão curto de grano duro quebrado (se preferir, utilize macarrão de sopa, como de letrinha ou ave maria) e deixe cozinhar por cerca de 10 minutos, ou até ficar bem macio e a sopa engrossar. Mexa de vez em quando para garantir que cozinhe por igual e evitar que o macarrão grude no fundo da panela. Rende 4 porções.

lentilha na pressão

Como o feijão, a lentilha também pode ser preparada na panela de pressão. Diferentemente dele, ela **não precisa ficar de molho** e pode ser cozida junto com os temperos. Descasque e pique fino 1 cebola e 2 dentes de alho. Leve a panela de pressão, sem tampa, ao fogo médio e, quando aquecer, regue com 2 colheres (sopa) de azeite, acrescente a cebola, tempere com uma pitada de sal e refogue até começar a dourar. Junte o alho, 1 folha de louro, ½ colher (chá) de cominho e mexa por 1 minuto para perfumar. Adicione 1 xícara (chá) de lentilha e depois 3 xícaras (chá) de água, regando aos poucos e mexendo bem para os grãos absorverem os sabores do refogado. Tempere com 1 colher (chá) de sal e pimenta a gosto, tampe a panela e deixe cozinhar em fogo alto. Quando começar a apitar, abaixe o fogo e deixe cozinhar por 5 minutos. Desligue o fogo e deixe todo o vapor sair e a panela parar de apitar, antes de abrir a tampa.

3. PÊ-EFE

AO MENOS DUAS HORTALIÇAS PARA TURBINAR O PÊ-EFE

Muita gente se preocupa com glúten, carboidrato, açúcar, quando o problema real é que não estamos consumindo hortaliças o suficiente! Quem come mais arroz, feijão e hortaliças engorda menos — isso é uma questão de saúde. Por isso, agora que você já sabe preparar o arroz e o feijão, vamos turbinar o pê-efe com as verduras e legumes! Você vai ver que os mesmos alimentos de sempre, com métodos de cozimento variados, cortes diferentes, um pouco de ervas e especiarias, se transformam completamente no dia a dia. A seguir, três hortaliças bem comuns — couve, abóbora e chuchu — vão virar seis receitas bem diferentes: chips de couve, salada de couve com vinagrete de laranja, abóbora assada com alho, abóbora chamuscada, vinagrete de chuchu e chuchu refogado na manteiga. E isso é só o começo...

PÊ-EFE DO DIA:

- chips de couve
- abóbora assada
- arroz integral
- feijão carioca

Nesta opção de pê-efe, as duas hortaliças vão para o forno. Mas o prato não fica nada monótono, porque a couve vira chips, e a abóbora fica macia por dentro. Note que os tempos e a temperatura das duas receitas são diferentes. Então preaqueça o forno a 180 °C; leve as duas assadeiras ao forno; assim que a couve ficar pronta, aumente a temperatura para 220 °C, e deixe a abóbora terminar de dourar!

chips de couve assada

TEMPO 25 minutos **SERVE** 4 pessoas

Preaqueça o forno a 180 °C. Lave, seque e rasgue grosseiramente as folhas de 2 maços de couve. Espalhe por uma assadeira grande e distribua 50 g de manteiga em cubos. Tempere com sal e pimenta-do-reino moída na hora a gosto. Leve ao forno para assar por cerca de 30 minutos, ou até ficarem crocantes — na metade do tempo, vire as folhas com uma espátula para assar por igual. Deixe esfriar antes de servir.

abóbora assada com alho e sálvia

TEMPO 35 minutos **SERVE** 4 porções

500 g de abóbora-japonesa descascada e cortada em cubos
½ maço de sálvia, tomilho ou alecrim (opcional)
5 dentes de alho
2 colheres (sopa) de azeite
sal e pimenta-do-reino moída na hora a gosto

1. Preaqueça o forno a 220 °C (temperatura alta).
2. Corte as pontas e amasse os dentes de alho com a lateral da lâmina da faca para descascar.
3. Numa assadeira grande, junte os cubos de abóbora, os dentes de alho descascados e as folhas de sálvia. Regue com o azeite e tempere com sal e pimenta-do-reino moída na hora a gosto. Misture bem para envolver todos os cubos e folhas de sálvia com o azeite.
4. Leve ao forno para assar por cerca de 40 minutos, ou até a abóbora ficar dourada e macia por dentro — na metade do tempo, vire os cubos com uma espátula para dourar por igual. Retire do forno e sirva a seguir.

LEGUMES ASSADOS

Preparar legumes no forno é muito prático: enquanto eles assam tranquilamente, você fica livre para adiantar outras preparações — ou simplesmente fazer outras coisas. Quando saem do forno, dourados e crocantes, ficam irresistíveis. Mas eles também podem ser servidos frios, como salada, com algum molho. Sempre que der, aproveite a carona do forno quente e prepare uns leguminhos assados para outras refeições.

Temperatura
Varia muito de forno para forno. Mas começar assando legumes a 220 °C (temperatura alta) é uma boa. Se achar que estão demorando muito, mais de 1 hora, pode aumentar. Se estão queimando em 20 minutos, abaixe. Sempre preaqueça o forno, antes de começar a cortar os legumes. Leva cerca de 20 minutos até aquecer.

Corte
Procure deixar os pedaços com tamanhos uniformes, para que assem por igual. Caso contrário, um cubinho começa a queimar enquanto o outro ainda está cru por dentro.

Quantidade
É importante que caibam espalhados numa assadeira, sem amontoar.

Método para temperar

Coloque os legumes no centro da assadeira, formando um montinho, regue com azeite, tempere com sal e pimenta. Vai usar ervas? Especiarias? Esse é o momento de juntar. Com as mãos, misture bem para temperar bem cada pedaço de legume. E, se optar por temperar com ervas frescas, aproveite para untar bem cada uma delas para que não queimem.

Ervas

Dê preferência às frescas. Quanto? Para uma assadeira grande, considere 1 ramo de alecrim ou 3 de tomilho ou 10 folhas de sálvia. Ou faça um mix com essas ervas. E lambuze com azeite para que não queimem.

Especiarias

Páprica, cominho, canela, cúrcuma e pimenta-da-jamaica funcionam bem sozinhas e misturadas. Para uma assadeira cheia de legumes, cerca de 1½ colher (chá) de uma delas ou um mix de especiarias. Tempere com sal e pimenta-do-reino.

Ar!

Sem ar, os legumes não douram nem ficam crocantes. É por isso que é importante colocar na assadeira somente uma camada, sem sobrepor, deixando que haja espaço entre os pedaços. Na metade do tempo de cozimento, vale dar uma mexida e virar os pedaços de lado para dourar por igual.

Tempo de cozimento

Varia de alimento para alimento: o rabanete fica bom em 20 minutos; já a abóbora pode levar 40 minutos.

De todo modo, na metade do tempo de cozimento, vale dar uma mexida e virar os pedaços de lado para que dourem por igual. Quanto mais cheia a assadeira, mais tempo leva para dourar.

Quais legumes?

As regras listadas aqui valem para abobrinha, abóbora, alho, alho-poró, batata-doce, berinjela, brócolis, chuchu, cebola, cenoura, cogumelo, couve-flor, erva-doce, mandioquinha, pimentão, quiabo, rabanete... No caso das folhas, como couve e repolho, não precisa deixar espaço entre elas. Basta lavar, secar e cortar. Nenhum desses alimentos precisa passar por pré-cozimento na água.

Batata croc!

No caso da batata, tem um truque extra: cozinhar um pouco em água, antes de ser levada ao forno. Assim, fica macia por dentro, sem risco de ficar queimada por fora e crua por dentro. (E isso ainda diminui o tempo de forno!)

PÊ-EFE DO DIA:

- salada de couve com vinagrete de laranja
- chuchu refogado com orégano
- arroz integral
- feijão-preto

Nesta sugestão, a couve vai virar salada e o chuchu vai ser refogado com manteiga e orégano. Apenas prove.

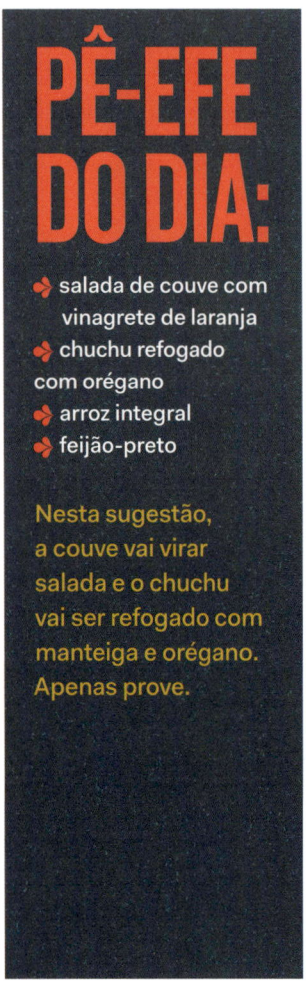

Aprendi que alimentação saudável e balanceada muda nossa vida e que chuchu pode ser gostoso! Essa foi minha maior vitória. Fazer quem se recusava a comer chuchu, comer e ainda pedir bis... olha, palmas para o Panelinha!
Andreia Fernandes Perrella

salada de couve com vinagrete de laranja

TEMPO 20 minutos   SERVE 4 pessoas

5 folhas de couve
½ cebola roxa
raspas e caldo de 1 laranja
1 colher (chá) de vinagre de vinho branco
1 colher (chá) de mel
um fio de azeite
sal e pimenta-do-reino moída na hora a gosto

1. Lave e seque as folhas de couve. Faça um corte em V rente à base do talo das folhas e descarte os talos. Na tábua, empilhe as folhas e corte no meio, no sentido do comprimento. Fatie as metades grosseiramente e reserve.
2. Prepare o vinagrete: descasque e pique fino a cebola, transfira para uma tigela e misture com o azeite, o mel, o vinagre, as raspas e o caldo de laranja.
3. Numa travessa, coloque a couve picada. Misture com o vinagrete apenas na hora de servir. Tempere com sal e pimenta-do--reino moída na hora a gosto.

Obs.: a mesma salada de couve também faz par num pê-efe com cenoura grelhada com molho de curry.

chuchu refogado com orégano

TEMPO 20 minutos   **SERVE** 2 pessoas

1 chuchu
½ cebola
1 colher (sopa) de manteiga
1 colher (chá) de orégano seco
sal e pimenta-do-reino moída na hora a gosto

1. Descasque, lave sob água corrente e seque bem o chuchu com um pano de prato limpo — para ele não escorregar na hora de cortar. Corte o chuchu ao meio, no sentido do comprimento, depois fatie as metades em meias-luas finas (se o chuchu estiver muito grande, corte em quartos e depois em fatias finas). Descasque e pique fino a cebola.
2. Coloque a manteiga numa frigideira média e leve ao fogo médio para derreter. Junte a cebola, tempere com uma pitada de sal e refogue por cerca de 4 minutos até começar a dourar.
3. Adicione o chuchu, tempere com o orégano e mais uma pitada de sal e misture bem. Diminua o fogo e deixe cozinhar por 7 minutos, mexendo de vez em quando, até que o chuchu esteja cozido, mas ainda firme. Desligue o fogo, tempere com pimenta-do-reino e sirva a seguir.

Obs.: não precisa tirar o miolo do chuchu. Caso tenha vindo com a semente, retire com uma colher e descarte.

REFOGADO X GRELHADO

Sabe qual a diferença entre refogar e grelhar? No refogado, os alimentos são cortados em pedaços uniformes, de médios para pequenos, ganham mais azeite, e você fica no mexe-mexe com a colher de pau na panela em fogo baixo ou médio, para que eles cozinhem por igual. Vai até uma pitada de sal para ajudar o legume a soltar os próprios líquidos e acelerar o cozimento. O grelhado é o contrário: o alimento fica parado na panela, com pouca gordura, para ganhar aquele tostadinho que dá o sabor! (Grelhado aqui é o caseiro: na cozinha profissional, grelhar é o método de preparo do churrasco, na grelha e com o calor seco da brasa.)

No dia a dia, a vantagem do grelhado é que você não precisa ficar mexendo. Colocou o alimento na panela, deixou grelhar, virou, grelhou do outro lado, pronto. (O jeito mais fácil de virar é com uma pinça.) Aliás, meu conselho aos cozinheiros: não tenham medo de queimar, porque o tostado é parte da graça. O importante é garantir que todos os pedaços estejam em contato com a panela quente — fatiados, para ficar com duas faces planas. E nada de sobrepor. E esta é a desvantagem: não dá para cozinhar muitos pedaços ao mesmo tempo.

Já no refogado é o oposto: como você mexe o tempo todo, dá para amontoar os alimentos na panela e, mesmo assim, cozinhar por igual. Ah, e é rapidinho! As duas técnicas são ótimas. E, para deixar a alimentação mais interessante, o negócio é variar.

PÊ-EFE DO DIA:

- abóbora chamuscada
- vinagrete de chuchu
- arroz branco soltinho
- feijão-preto

O corte em meia-lua é lindo para preparar a abóbora-japonesa. Se você tiver uma bistequeira, use, pois as fatias ficam bem charmosas marcadas pelas listras. Com a receita a seguir, você aprende uma variação do grelhado: a abóbora vai ser chamuscada. A diferença é que não vai gordura (azeite, óleo ou manteiga) no cozimento. Depois, pode regar com um fio... E, já que ela vai ganhar um método de cozimento, o chuchu vai ser servido cru, num surpreendente vinagrete — ele absorve o sabor dos temperos e rende um molho in-crí-vel!

abóbora chamuscada com molho de iogurte com coco

TEMPO 30 minutos **SERVE** 4 pessoas

para a abóbora chamuscada

½ abóbora-japonesa (cortada na vertical)
azeite a gosto
sal e pimenta-do-reino moída na hora a gosto

1. Com uma escovinha para legumes, lave bem a casca da abóbora sob água corrente. Com uma colher, raspe e descarte as sementes. Apoie a parte plana da abóbora na tábua e corte em fatias de 1 cm, formando meias-luas.
2. Leve uma bistequeira (ou frigideira antiaderente) ao fogo médio. Quando estiver bem quente, coloque quantas fatias de abóbora couberem, uma ao lado da outra, e tempere com sal — é sem azeite mesmo, a abóbora vai dourar e cozinhar na própria umidade.
3. Deixe dourar por cerca de 3 minutos de cada lado e vá virando até a abóbora ficar macia e tostada — se necessário, cubra

as fatias com uma tampa para formar um vaporzinho que auxilia no cozimento. Você vai notar que a abóbora muda de cor e ganha um tom alaranjado mais vivo.

4 Assim que as fatias estiverem douradas e cozidas, regue com um fio de azeite para dar mais sabor. Transfira para um prato e sirva com o molho de iogurte com coco.

para o molho de iogurte com coco

1 pote de iogurte natural (170 g)
⅓ de xícara de coco ralado fresco
½ colher (sopa) de azeite

Misture iogurte com o coco fresco ralado — se preferir, bata no mixer. Transfira para uma tigela, misture o azeite e tempere com uma pitada de sal.

vinagrete de chuchu com semente de cominho

TEMPO 20 minutos + 30 minutos para curtir
SERVE 4 pessoas

1 chuchu grande
½ cebola roxa
caldo de 1 limão
2 colheres (sopa) de vinagre de vinho tinto
½ colher (chá) de semente de cominho
3 colheres (sopa) de azeite
sal a gosto
cubos de gelo

1 Descasque e corte a cebola em cubos pequenos, de 0,5 cm. Transfira para uma tigela pequena, adicione ½ colher (sopa) do vinagre, os cubos de gelo e cubra com água. Mantenha a cebola imersa por ao menos 10 minutos para perder o ardido. Enquanto isso, prepare os outros ingredientes.

2 Descasque, lave sob água corrente e seque bem o chuchu com um pano de prato limpo — assim, ele não escorrega na hora de cortar. Corte o chuchu ao meio, no sentido da largura, para separar a parte mais fina da mais grossa. Corte as metades em fatias de 0,5 cm, as fatias em tiras de 0,5 cm e as tiras em cubos. Transfira o chuchu cortado para uma tigela.

3 No pilão, quebre as sementes de cominho e junte ao chuchu.

4 Escorra a cebola e adicione ao chuchu. Tempere com o azeite, o caldo de limão, o restante do vinagre e sal a gosto. Misture bem e sirva a seguir ou mantenha na geladeira até a hora de servir — o vinagrete fica ainda mais gostoso depois de curtir na geladeira por 30 minutos.

Obs.: não precisa tirar o miolo do chuchu. Caso tenha vindo com a semente, retire com uma colher e descarte.

OUTRAS IDEIAS DE COMBINAÇÕES DE PÊ-EFES

PÊ-EFE DO DIA:

- salada de abobrinha com manjericão
- escarola refogada com aliche
- arroz frito com cenoura
- feijão-carioca

Quem tem pressa também pode comer bem: já provou salada de abobrinha crua? Aqui ela vira par da escarola refogada com aliche (phyna!!!!) e do arroz frito com cenoura (preparado com as sobras de arroz da semana). Feijãozinho, sempre!

salada de abobrinha com manjericão

TEMPO 5 minutos **SERVE** 2 pessoas

1 abobrinha
10 folhas de manjericão
azeite a gosto
sal e pimenta-do-reino moída na hora a gosto

1. Lave a abobrinha e as folhas de manjericão sob água corrente e seque bem.
2. Com a ajuda de um fatiador de legumes (com cuidado para não cortar a mão), faça fatias finas de abobrinha no sentido do comprimento.
3. Disponha as fatias nos pratos em que vai servir e salpique as folhas de manjericão.
4. Tempere com sal e pimenta-do--reino e regue com um fio de azeite. Sirva a seguir.

escarola refogada com aliche

TEMPO 30 minutos **SERVE** 2 pessoas

1 maço de escarola
2 dentes de alho
1 filé de anchova
2 colheres (sopa) de azeite
sal a gosto

1. Destaque as folhas do maço de escarola e lave sob água corrente. Transfira as folhas para uma centrífuga de saladas e seque bem.

2. Para fatiar as folhas: na tábua, empilhe 5 folhas de cada vez. Enrole formando um charutinho e corte em fatias de 1 cm. Com a lateral da faca, amasse os dentes de alho e descasque — não precisa picar, eles vão apenas perfumar o azeite.
3. Leve uma frigideira grande (ou panela) ao fogo médio. Quando aquecer, regue com o azeite, adicione o alho e o filé de anchova e mexa por 2 minutos apenas para perfumar o azeite.
4. Acrescente a escarola e atenção: vá temperando com sal aos poucos pois o volume da verdura refogada diminui bastante e pode ficar muito salgada no fim. Refogue por cerca de 2 minutos, mexendo a escarola de cima para baixo — assim, você refoga a verdura por igual, sem ficar com partes cozidas demais e outras cruas. É bem rapidinho mesmo: se a escarola cozinhar demais pode amargar. Sirva a seguir.

Obs.: caso sua frigideira seja pequena para o volume total, refogue a escarola em etapas.

Aprendi a gostar de cozinhar e vi que todos os elementos que temos na geladeira que antes eu achava sem graça como abobrinha, chuchu, cenoura etc. podem ficar deliciosos. Basta saber preparar!
Isabella Piazzi

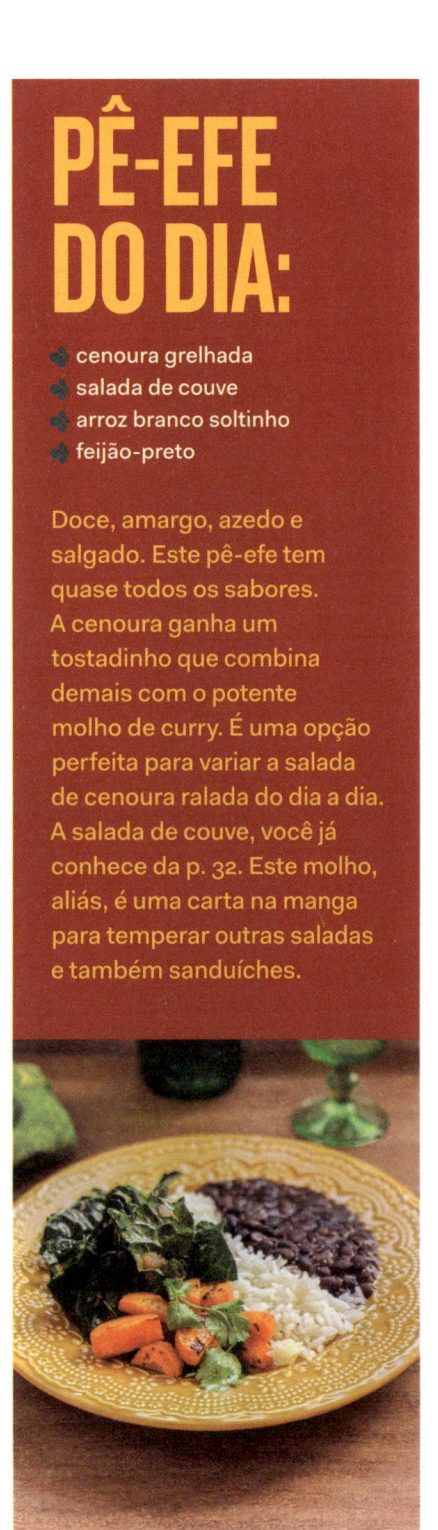

PÊ-EFE DO DIA:

- cenoura grelhada
- salada de couve
- arroz branco soltinho
- feijão-preto

Doce, amargo, azedo e salgado. Este pê-efe tem quase todos os sabores. A cenoura ganha um tostadinho que combina demais com o potente molho de curry. É uma opção perfeita para variar a salada de cenoura ralada do dia a dia. A salada de couve, você já conhece da p. 32. Este molho, aliás, é uma carta na manga para temperar outras saladas e também sanduíches.

cenoura grelhada com molho de curry

TEMPO 20 minutos   **SERVE** 4 pessoas

2 cenouras
2 colheres (chá) de caldo de limão
6 colheres (chá) de azeite
½ colher (chá) de curry
sal a gosto
folhas de coentro a gosto para servir

1. Lave, seque e descasque as cenouras. Corte-as ao meio, no sentido do comprimento, e fatie as metades em meias-luas de 1 cm.
2. Leve uma frigideira antiaderente (ou bistequeira) ao fogo médio para aquecer. Regue com um fio de azeite e adicione quantas fatias de cenoura couberem, sem amontoar, com o lado plano para baixo. Deixe dourar por cerca de 4 minutos, sem mexer — assim, elas ficam tostadas. Enquanto isso, prepare o molho de curry.
3. Numa tigela pequena, misture bem o caldo de limão com o azeite, o curry e sal. Reserve.
4. Com uma pinça, vire as fatias e deixe grelhar por mais 2 minutos. Transfira para uma tigela e repita com o restante das fatias, regando a frigideira com um fio de azeite a cada leva.
5. Tempere as cenouras ainda quentes com o molho — assim, elas absorvem melhor os sabores. Sirva a seguir com folhas de coentro fresco.

PÊ-EFE DO DIA:

- salada de tomate
- berinjela assada
- arroz com alho-poró
- feijão-preto

Berinjela e tomate se adoram. E com a técnica certa, esses alimentos revolucionam o prato feito do dia a dia. Mas tem técnica para deixar o tomate ainda melhor: em gomos, ele vai desidratar com um pouco de sal. O resultado é que fica mais carnudinho e o sabor, concentrado. Assada em metades, a berinjela vira um bifão no prato! Aqui, ganha um tempero com sabor adocicado.

salada de tomate

TEMPO 5 minutos + 30 minutos para desidratar os tomates   **SERVE** 4 porções

3 tomates maduros
1 colher (sopa) de sal grosso
azeite a gosto para servir

1. Lave, seque e corte os tomates em quatro gomos. Descarte a ponta do cabinho e corte cada gomo em 3 pedaços.
2. Transfira os gomos para uma peneira e coloque sobre uma tigela. Tempere os tomates com o sal e misture delicadamente para envolver todos os pedaços. Leve para a geladeira e deixe drenar por ao menos 30 minutos — o sal vai desidratar a polpa e deixar o tomate mais carnudo. Quanto mais tempo ficar drenando, mais gostoso fica.
3. Depois de 30 minutos, transfira a salada de tomate para uma tigela e regue com azeite (se quiser pode colocar folhas de manjericão). Sirva a seguir.

berinjela assada

TEMPO 50 minutos   **SERVE** 4 pessoas

2 berinjelas
2 colheres (sopa) de mel
½ colher (chá) de cominho
¼ de xícara (chá) de azeite
½ colher (chá) de sal

1. Preaqueça o forno a 200 °C (temperatura média).
2. Numa tigela pequena, misture bem o azeite com o mel, o cominho e o sal.
3. Lave, seque e corte as berinjelas ao meio, no sentido do comprimento. Com a ponta da faca, risque na polpa da berinjela cortes superficiais na diagonal, formando losangos — assim o molho penetra e tempera por igual.
4. Disponha as berinjelas numa assadeira grande, uma ao lado da outra, com a polpa para cima. Com uma colher, espalhe o molho sobre cada uma e leve ao forno para assar por cerca de 30 minutos, até que as berinjelas estejam macias e douradas.

Gosto de cozinhar e achava a minha comida muito saborosa. Até que um dia, no início do isolamento, comecei a te seguir e não entendi direito quando você falava em "comida de verdade". Foi aí que comecei a acompanhar e perceber que você não usa alimentos processados. Surtei, pois nunca tinha prestado atenção nisso. Eu notei que apesar de cozinhar todos os dias e fazer muitos legumes e verduras, tudo era "temperado" com temperos prontos e nunca utilizava especiarias e ervas aromáticas. Decidi abandonar tudo radicalmente e me surpreendi com o sabor das mesmas preparações. Virei uma seguidora e ganhei o apelido de "Joelma Lobo" aqui em casa kkkkk. Eu confesso que me divirto e eles, apesar da gozação, estão aprovando as novas preparações. Obrigada Rita por me ensinar a comer Comida de Verdade.
Joelma Alvarado Rosinholi

PÊ-EFE DO DIA:

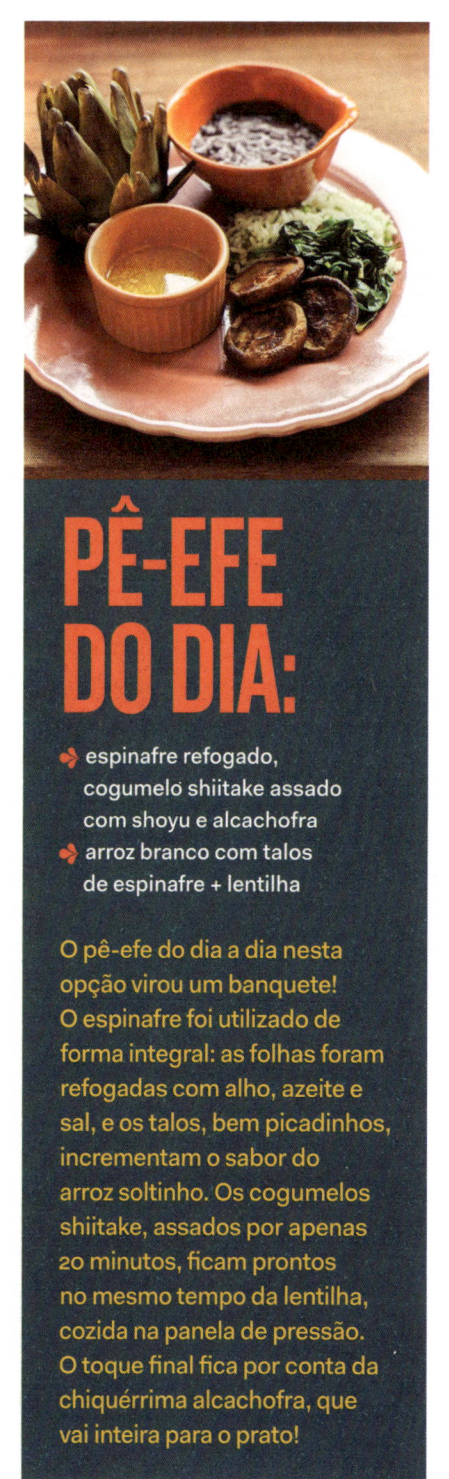

- espinafre refogado, cogumelo shiitake assado com shoyu e alcachofra
- arroz branco com talos de espinafre + lentilha

O pê-efe do dia a dia nesta opção virou um banquete! O espinafre foi utilizado de forma integral: as folhas foram refogadas com alho, azeite e sal, e os talos, bem picadinhos, incrementam o sabor do arroz soltinho. Os cogumelos shiitake, assados por apenas 20 minutos, ficam prontos no mesmo tempo da lentilha, cozida na panela de pressão. O toque final fica por conta da chiquérrima alcachofra, que vai inteira para o prato!

espinafre refogado

TEMPO 15 minutos   SERVE 2 porções

1 maço de espinafre
1 dente de alho
1 colher (sopa) de azeite
sal a gosto

1. Debulhe as folhas dos talos de espinafre; lave sob água corrente e seque bem numa centrífuga de saladas — reserve os talos para incrementar refogados, como o do arroz branco soltinho (p. 20).
2. Com a lateral da faca, amasse o dente de alho e descasque — nem precisa picar, ele vai dar sabor ao preparo e depois será descartado.
3. Leve uma frigideira grande ao fogo médio. Regue com o azeite, junte o dente de alho e mexa por 1 minuto para perfumar. Adicione as folhas de espinafre, tempere com uma pitada de sal e refogue por 2 minutos — o espinafre vai murchar e soltar água. Atenção para o tempo: se cozinhar em excesso, o espinafre tende a ficar escuro e amargo. Descarte o alho e sirva a seguir.

cogumelo shiitake assado com shoyu

TEMPO 40 minutos   SERVE 3 porções

10 cogumelos shiitake grandes
½ colher (sopa) de shoyu (molho de soja)
2 colheres (sopa) de azeite

1. Preaqueça o forno a 210 °C (temperatura alta).
2. Enquanto isso, limpe os cogumelos com um pano úmido — não lave em água corrente nem deixe de molho, pois eles absorvem a água e perdem o sabor. Corte os talos do shiitake e transfira para uma assadeira média (ou refratário).
3. Regue o shiitake com o azeite e o shoyu. Misture bem com as mãos e distribua os cogumelos na assadeira, com a parte cortada do talo para cima.
4. Leve ao forno para assar por cerca de 20 minutos, ou até ficarem dourados e macios. Sirva a seguir.

✳✳✳

alcachofra

Alcachofra é um alimento de sazonalidade bem marcada: quem gosta passa o ano inteiro esperando aparecer na feira. A época é a primavera: setembro, outubro... Mas, às vezes, pinta no mercado fora de hora.

A alcachofra enfeita o prato e tem um sabor único! Se estiver com o talo, corte bem rente à base. Acomode as flores na panela de pressão, de ponta-cabeça, ou seja, com folhas para baixo. Na minha panela, cabem quatro. Cubra com água, respeitando o limite indicado no interior da panela, tampe e leve ao fogo alto. Quando começar a apitar, diminua para fogo baixo e conte 10 minutos. Desligue, deixe sair a pressão, abra e retire as alcachofras na hora de servir. Eu prefiro comer enquanto ainda estão quentinhas.

PARA O MOLHO
Para quatro alcachofras, derreta 2 colheres (sopa) de manteiga no micro-ondas. Misture 2 colheres (sopa) de água e 2 colheres (sopa) de vinagre de vinho branco. Tempere com uma pitada de sal e misture bem.

COMO COMER
Destaque uma pétala e, segurando na pontinha, mergulhe a base da pétala no molho. Para comer, raspe com os dentes a polpa da base. Repita com todas as pétalas, até que fiquem muito fininhas e você possa ver uma parte que parece uns fios. Com uma colher, raspe o "cabelo" da alcachofra e descarte. Entre a base e esse fios fica o cobiçado coração da alcachofra. Com uma faca, corte e descarte a parte mais dura da base. Devore o coração!

GRUPOS ALIMENTARES DO PÊ-EFE

O pê-efe ensina na prática o que é a tal "dieta balanceada". Observe o gráfico. De um lado, arroz e feijão. A carne divide o espaço com o feijão (quem não come carne completa com os grãos). Do outro lado, vão as hortaliças, que são legumes e verduras. As frutas viram lanches ou sobremesa. O truque é conhecer os grupos alimentares e usar só o espaço destinado a cada um. Quem não entra são os ultraprocessados! Explore isso para além de uma única refeição. Se no jantar comeu risoto de queijo, no almoço seguinte capriche nas hortaliças! Pense na alimentação como um todo. Assim, a sua dieta vai ficar balanceada, variada, saudável e saborosa.

50% Hortaliças (legumes e verduras)
12,5% Feijões ou carnes e ovos
12,5% Feijões
25% Cereais, raízes e tubérculos

Feijões
O grupo inclui feijão e outras leguminosas, como ervilha, lentilha e grão-de-bico. Alterne o tipo (carioquinha, preto, branco e rosinha, entre outros) ou prepare lentilha ou grão-de-bico para servir com arroz. Grãos mais firmes, como feijão andu, bolinha, manteiguinha e fradinho (usado no acarajé), rendem ótimas saladas e mexidinhos — o feijão nem sempre precisa ser ensopado.

Cereais, raízes e tubérculos
Estes alimentos têm função nutricional semelhante — são energéticos: batata, batata-doce, mandioca, mandioquinha (batata-baroa), cará, inhame, milho, arroz (todos os tipos), trigo (integral, para quibe, cuscuz marroquino), macarrão, entre outros. Se servir arroz, farinha e batata, eles devem dividir o espaço destinado ao arroz no pê-efe.

Hortaliças (legumes e verduras)
Hortaliças não são apenas folhas nem se restringem a preparações frias. Quer texturas mais firmes? Experimente assar — brócolis, quiabo, repolho e acelga ficam incríveis no forno. O segredo é variar: cada alimento tem uma composição nutricional única. Quanto mais variada a alimentação, maior o leque de nutrientes.

Carnes e ovos
Este grupo inclui carnes vermelhas, aves e pescados, ovos de galinha e de outras aves. Carnes podem ser simplesmente temperadas e grelhadas ou entrar em cozidos, ensopados e preparações de forno. Ovos são os reis da versatilidade. Para quem prefere excluir carne e ovos da dieta, há várias alternativas que garantem a dose de proteína no pê-efe. A mais simples é caprichar na porção de arroz e feijão. Somados, eles formam uma excelente fonte de proteínas. Leite e derivados são uma boa alternativa.

Saiba mais sobre dieta balanceada no site Panelinha.

PÊ-EFES CRIATIVOS

Tendo o pê-efe como guia da refeição, dá para preparar pratos supercriativos! A seguir, veja algumas ideias que apresentei tanto na série como nas lives.

PÊ-EFE DO DIA:

- mix de legumes assados
- salada de cuscuz com grão-de-bico

Uma salada-refeição, com a estrutura do pê-efe, só que perfeita para um dia de preguiça total! Aproveito para dar uma dica: nem todo enlatado é ultraprocessado. O grão-de-bico em conserva, seja no vidro, em lata ou em caixinha, é um ótimo atalho para a cozinha apressada.

mix de legumes assados

TEMPO 1 hora   SERVE 4 porções

Não é só na quarentena que aproveitar o que tem na geladeira é uma maneira esperta de cozinhar. Então, em vez de ensinar uma receita, mais uma vez, quero que você aprenda uma fórmula para usar com os alimentos que tem em casa. Veja na p. 30 todos os truques para garantir assados perfeitos.

Em casa, para gravar este episódio de *Rita, Help!*, usei: 1 cenoura cortada em fatias na diagonal, 1 abobrinha cortada em meias-luas, 4 rabanetes em metades, ½ couve-flor cortada em floretes. Mas, se você só tem abobrinha em casa, use duas ou três e está tudo certo.

Para temperar, regue com 3 colheres (sopa) de azeite e debulhe 1 ramo de alecrim — lambuze bem ramos e folhas com azeite para não queimarem. Misture uma pitada de canela com uma pitada de cominho e polvilhe sobre os legumes. Tempere com sal e pimenta-do-reino e misture bem com as mãos, para que todos os pedaços fiquem bem temperados. Na sequência, espalhe os pedaços na assadeira — quanto mais espaço houver entre os legumes, mais dourados ficam.

Leve ao forno preaquecido a 220 °C (temperatura alta) para assar por 30 minutos. Lembre-se de, na metade do tempo, virar os legumes com uma espátula! Sirva a seguir com o cuscuz com grão-de-bico.

cuscuz marroquino com grão-de-bico

TEMPO 10 minutos   SERVE 4 porções

1 xícara (chá) de cuscuz marroquino
1 lata de grão-de-bico (1½ xícara [chá]) de grãos cozidos)
1 colher (chá) de sal
azeite a gosto
caldo de limão siciliano
 a gosto para servir
folhas de hortelã a gosto para servir

1. Numa chaleira ou panelinha, leve 1 xícara (chá) de água ao fogo alto. Quando ferver, regue sobre o cuscuz marroquino numa tigela média. Tempere com 1 colher (sopa) de azeite e o sal. Misture bem e deixe hidratar por 5 minutos, tampando com um prato para abafar.
2. Enquanto isso, escorra o grão-de-bico numa peneira, passe pela água corrente e reserve.
3. Passados os 5 minutos, solte o cuscuz marroquino com um garfo, junte o grão-de-bico e misture delicadamente. Atenção, me escute: mesmo que você só vá servir o cuscuz no dia seguinte, solte os grãos depois de 5 minutos. Se passar muito tempo, ele gruda e vira um bloco!
4. Misture com o grão-de-bico. Para servir: coloque nos pratos uma porção do cuscuz marroquino, cubra com legumes assados, regue com azeite, caldo de limão e salpique folhas de hortelã.

PÊ-EFE DO DIA:

- rabanete assado
- salada de pimentão grelhado com grão-de-bico
- arroz integral

Durante os testes de receitas para o projeto *O que tem na geladeira?*, o rabanete assado foi uma das receitas que mais me surpreenderam. É por isso que ele não poderia ficar de fora das 50 lives da quarentena. Aqui, ele acompanha uma deliciosa salada de grão-de-bico com pimentão grelhado e sementes de erva-doce. Já temos duas hortaliças e uma leguminosa, o grão-de-bico. Só fica faltando o cereal, que vai ser o arroz integral. Delícia!

rabanete assado com molho de balsâmico e mel

TEMPO 35 minutos   SERVE 3 porções

1 maço de rabanete (cerca de 15 unidades)
6½ colheres (sopa) de azeite
2 colheres (sopa) de vinagre balsâmico
2 colheres (chá) de mel
sal e pimenta-do-reino moída na hora a gosto
¼ de xícara (chá) de amêndoas tostadas e picadas

1. Preaqueça o forno a 220 °C (temperatura alta).
2. Com uma escova para legumes, lave bem a casca dos rabanetes sob água corrente. Seque-os, descarte o cabo e corte cada um ao meio — se forem grandes, corte em quartos.
3. Transfira os rabanetes para uma assadeira grande. Tempere com ½ colher (sopa) de azeite, sal e pimenta. Misture com as mãos e distribua pela assadeira, com a parte cortada para baixo.
4. Leve ao forno para assar por cerca de 20 minutos, ou até que a parte de baixo dos rabanetes doure. Enquanto isso, prepare o molho.
5. Num pote de vidro com tampa coloque o balsâmico, o mel e o azeite restante. Tempere com uma pitada de sal, tampe e chacoalhe bem para misturar. Reserve.
6. Retire a assadeira do forno e sirva os rabanetes com o molho e as amêndoas picadas.

salada de pimentão grelhado com grão-de-bico e erva-doce

TEMPO 30 minutos   SERVE 3 porções

1 pimentão vermelho
1 lata de grão-de-bico cozido (cerca de 1½ xícara [chá])
½ colher (chá) de sementes de erva-doce
2 colheres (sopa) de vinagre de vinho branco
3 colheres (sopa) de azeite
sal e pimenta-do-reino moída na hora a gosto
azeite a gosto
folhas de minirrúcula para servir

1. Lave, seque, corte os pimentões ao meio e descarte as sementes. Fatie cada metade em tiras de 2 cm.
2. Num pote de vidro com tampa, junte o mel, o vinagre e 3 colheres (sopa) de azeite. Tampe e chacoalhe bem para misturar. Reserve.
3. Leve uma frigideira antiaderente (ou bistequeira) ao fogo médio para aquecer, regue com um fio de azeite e coloque as fatias de pimentão, sem amontoar, para que todos fiquem em contato com o fundo da frigideira — se sua frigideira for pequena, grelhe em duas etapas. Tempere com uma pitada de sal e deixe dourar por cerca de 3 minutos de cada lado.
4. Assim que o pimentão estiver tostadinho, junte a erva-doce na frigideira ainda quente e misture bem — as sementes vão liberar mais sabor ao preparo. Reserve o pimentão grelhado numa tigela.
5. Escorra o grão-de-bico numa peneira (se quiser, passe em água corrente para tirar o excesso de sal e deixe escorrer bem) e transfira para a tigela com o pimentão. Tempere com o azeite, o vinagre e misture bem. Prove e ajuste o sal. Sirva a seguir.

Nessa nova configuração, meu marido, que fazia praticamente só espaguete com molho pronto, também passou a fazer mais e mais receitas, graças a vocês! Inclusive, nesse Dia das Mães fez polenta com ragu de calabresa! E agora, nesses tempos difíceis, nós vamos nos aventurar em distribuir um pouco desse afeto através da comida, e efetivamente alimentar aqueles que estão numa situação crítica. Estamos cozinhando para uma ONG que distribui alimentos para quem precisa.
Márcia Midori Takeuchi Andrade

PÊ-EFE DO DIA:

- pimentão recheado com arroz e cenoura
- salada de lentilha

Apesar de parecer diferentão, este é um pê-efe completo. Nele estão presentes todos os grupos alimentares: a lentilha representando as leguminosas; o arroz do recheio, os cereais; e o pimentão e os aromáticos do refogado estão no grupo das hortaliças. Quem quiser ainda pode incluir um ovo — conto mais no fim da receita!

pimentão recheado

TEMPO 35 minutos   SERVE 3 porções

1 pimentão amarelo
1 pimentão verde
1 pimentão vermelho
2½ xícaras (chá) de arroz cozido
    (veja a receita na p. 20)
1 cenoura
1 colher (sopa) de azeite
sal e pimenta-do-reino moída
    na hora a gosto
folhas de salsinha ou coentro
    para servir a gosto

1. Preaqueça o forno a 200 ºC (temperatura média).
2. Lave, descasque e rale a cenoura na parte grossa do ralador.
3. Leve uma frigideira média ao fogo médio. Quando aquecer, regue com o azeite, junte a cenoura, tempere com uma pitada de sal e refogue por cerca de 2 minutos, até murchar. Junte o arroz, misture bem e desligue o fogo.
4. Lave, seque e corte os pimentões ao meio no sentido do comprimento. Com uma faquinha de legumes, retire as sementes e a película branca de cada metade, mas mantenha o cabinho — ele dá um charme à apresentação. Transfira para uma assadeira grande e tempere com sal e pimenta-do-reino moída. Leve ao forno preaquecido para pré-assar por 10 minutos, até amolecer.

5   Com cuidado, retire a assadeira do forno e recheie os pimentões com o arroz. Volte os pimentões ao forno para terminar de assar por cerca de 10 minutos, até o pimentão ficar macio. Sirva com as folhas de salsinha ou coentro a gosto.

Obs.: experimente rechear o pimentão com arroz e ovos. Com as costas de uma colher, faça uma cavidade central, empurrando o arroz para as laterais. Quebre um ovo numa tigela e, delicadamente, coloque na cavidade de cada pimentão. Tempere com sal e pimenta-do-reino moída na hora a gosto. Volte os pimentões ao forno para terminar de assar por cerca de 15 minutos para uma gema cozida. Se preferir ovos com gema mole, deixe apenas 10 minutos.

salada de lentilha

TEMPO 30 minutos   SERVE 4 porções

1 xícara (chá) de lentilha
1 colher (chá) de açúcar
½ colher (chá) de cominho
½ colher (chá) de sal
¼ de xícara (chá) de vinagre de vinho branco
⅓ de xícara (chá) de azeite

1   Numa panela média coloque a lentilha, cubra com 1 litro de água e leve ao fogo médio. Quando ferver, abaixe o fogo e deixe cozinhar por cerca de 20 minutos — a lentilha deve estar cozida, mas ainda firme. Enquanto isso, prepare o molho.
2   Numa tigela, coloque o açúcar, o cominho, o vinagre e o azeite. Tempere com o sal e misture bem com uma colher.
3   Assim que estiver cozida, passe a lentilha por uma peneira e deixe escorrer bem a água (se não for temperar na hora, espalhe numa assadeira para que esfrie mais rápido e não continue cozinhando). Transfira a lentilha ainda morna para uma tigela grande e regue com o molho — assim, ela absorve melhor os sabores. Misture delicadamente e sirva a seguir.

PÊ-EFE DO DIA:

- farofa de cenoura
- chuchu refogado
- arroz integral
- feijão-carioca

Alguns acompanhamentos vão bem com tudo: grelhados, assados, ensopados... Com arroz e feijão, então, nem se fala! É o caso desta farofa de cenoura crocante e adocicada, viciante. Aqui, ela é servida com o chuchu refogado na manteiga com orégano da p. 33, arroz integral e feijão-carioca. Tem-que-fazer!

farofa de cenoura

TEMPO 20 minutos SERVE 6 porções

2½ xícaras (chá) de farinha de milho amarela (flocada)
1 cenoura
1½ cebola
75 g de manteiga
¼ de xícara (chá) de óleo
½ colher (chá) de sal

1. Lave, descasque e passe a cenoura pela parte grossa do ralador. Descasque e fatie a cebola em meias-luas finas, de 0,5 cm.
2. Leve uma frigideira grande com o óleo ao fogo alto. Quando aquecer, acrescente as cebolas fatiadas e deixe fritar por cerca de 8 minutos até começarem a dourar — mexa de vez em quando com uma espátula para não queimar.
3. Diminua o fogo para médio, adicione a manteiga e mexa para derreter. Acrescente a cenoura ralada, tempere com ½ colher (chá) de sal e mexa por 2 minutos até murchar.
4. Junte a farinha de milho aos poucos, misturando com a espátula para incorporar. Deixe cozinhar por mais 5 minutos, mexendo de vez em quando, para a farofa ficar crocante. Sirva a seguir.

como armazenar

Deixe esfriar totalmente e guarde em pote bem fechado na geladeira por até 3 dias. Na hora de servir, aqueça na frigideira.

PÊ-EFES COM GRELHADOS PERFEITOS

Nas 50 lives que fiz durante a quarentena, não preparei nenhuma carne. O objetivo era melhorar a alimentação dos meus seguidores e, para isso, a estratégia era estimular o consumo de hortaliças — isso não significa excluir as carnes, e sim incluir mais legumes e verduras. Já na série — e aqui no livro —, o objetivo é levar para cozinha quem ainda não sabe cozinhar. Por isso, incluí todos os segredos para preparar um grelhado saboroso — e não uma sola de sapato! A técnica varia de acordo com o tipo escolhido, seja frango, porco, peixe ou carne bovina. Mas alguns processos valem para todos e são fundamentais para o resultado ser uma peça saborosa, dourada e suculenta.

De olho na temperatura

Um dos segredos-chave está na temperatura, tanto da frigideira como do alimento. Caso a carne esteja gelada, em vez de dourar, ela vai soltar água e cozinhar no próprio vapor. E, se a frigideira não estiver bem quente, ela não vai selar o ingrediente — essa técnica é importante para preservar os líquidos naturais e não ressecar os alimentos. Então, regra número 1: retire o alimento da geladeira 20 minutos antes do preparo e aqueça a frigideira antes de grelhar a carne.

Sem mexe-mexe

Contenha-se, Carlos José! Nada de cutucar, muito menos espetar a peça com o garfo — ao furar a carne, o suco que você conseguiu preservar selando o alimento vai escorrer, e o resultado é um grelhado ressecado. E quem indica a hora certa da virada é a própria carne: se ela desgrudou da frigideira, está no jeito.

PÊ-EFE DO DIA:

- bife de contrafilé com molho de limão
- mix de legumes assados (abobrinha e pimentão)
- arroz
- feijão

A esta altura você já está craque nos legumes assados, no arroz e no feijão, não? Vamos ao bife?

1. Lembrou de tirar a carne da geladeira uns minutos antes? Agora leve uma frigideira média ao fogo médio e, enquanto ela aquece, tempere o bife de contrafilé com sal e pimenta (dos dois lados). Quando a frigideira estiver bem quente, regue com 1 colher (chá) de azeite e coloque o bife. Deixe dourar, sem mexer, até que se solte do fundo da frigideira — cerca de 2 minutos.
2. Com uma pinça, vire o bife e deixe dourar por mais 2 minutos. Transfira para uma travessa e aproveite os queimadinhos, supersaborosos, da frigideira para preparar um molho delicioso.
3. Desligue o fogo, acrescente 4 colheres (sopa) de água à frigideira. Volte a frigideira ao fogo médio e junte 1 colher (sopa) de caldo de limão siciliano (ou outro ácido, como limão taiti, laranja, vinho ou vinagre). Com uma colher de pau, raspe bem o fundo da frigideira para dissolver todos os queimadinhos.
4. Desligue o fogo e acrescente 1 colher (chá) de manteiga gelada (melhor ainda: congelada). Mexa a frigideira em movimentos circulares, para a manteiga derreter e ao mesmo tempo emulsionar o molho. Não use a colher! Pronto, molho delicioso e aveludado para fazer o bife render até a última gota. Antes de servir, passe o molho pela peneira.

PÊ-EFE DO DIA:

- filé de peito de frango suculento
- mix de legumes assados (abobrinha e pimentão)
- arroz
- feijão

Os chefs da quarentena sofreram para preparar um franguinho grelhado. É que, apesar de trivial, essa preparação é cheia de segredos. Existem vários métodos para temperar, mas eu vou logo num que não falha nunca: é o meu soro mágico. Tecnicamente, é uma salmoura. Mas, depois de preparar o frango grelhado com ele, você vai entender por que eu chamo de mágico.

1. Numa tigela, misture 1 colher (sopa) de sal, 1 colher (chá) de açúcar e 1 dente de alho amassado e esfregue nos filés de frango. Se quiser uma camada extra de sabor, inclua 1 colher (sopa) de especiarias, como páprica picante, coentro em pó, cúrcuma e cominho. Ou até uma mistura delas. Cubra com água, junte uma folha de louro, tampe e deixe descansar por 20 minutos na geladeira.

2. Retire o frango da salmoura 10 minutos antes de grelhar, lave em água corrente e seque bem o filé com um papel-toalha ou pano de prato limpo. Não precisa temperar com sal. Mas, se quiser, tempere com pimenta-do-reino moída na hora a gosto.

3. Leve uma frigideira grande ao fogo médio para aquecer. Regue com 1 colher (chá) de azeite e coloque o filé com o lado mais liso para baixo. Deixe dourar por cerca de 2 minutos de cada lado, abaixe o fogo e cozinhe por mais 4 minutos de cada lado, para garantir que o filé fique dourado por fora e totalmente cozido por dentro, mas sem ressecar.

PÊ-EFE DO DIA:

- carne moída acebolada
- mix de legumes assados (abobrinha e pimentão)
- arroz
- feijão

Alguns truques garantem uma carne suculenta e saborosa. Um deles é a temperatura (p. 50). O segundo é manter a carne em montinhos: ela doura e fica com o sabor inconfundível do tostadinho, mas sem ressecar. E, por último, caprichar no tempero. Para esta receita usei pimenta síria. Mas você pode variar com outras opções, como a espetacular pimenta-da-jamaica ou até mesmo uma pitada de canela em pó.

1. Para 4 porções vamos utilizar 500 g de patinho moído. Leve uma frigideira grande (ou panela) ao fogo médio. Quando estiver bem aquecida, regue com 1 colher (sopa) de azeite e coloque metade da carne moída na panela, em montinhos. Deixe um pouco de espaço entre cada um. Não mexa até que a parte de baixo comece a dourar — se a panela estiver bem aquecida, isso pode ser rápido, coisa de 1 minuto. Sem desfazer o montinho, com uma pinça, vire a carne para dourar por mais 1 minuto do outro lado.

2. Transfira para uma tigela e repita o processo com a outra metade. Volte toda a carne para a panela e, com uma espátula, afaste a carne moída para as laterais, abrindo espaço no centro da frigideira.

3. Regue com mais 1 colher (sopa) de azeite e acrescente ½ cebola cortada em meias-luas finas e refogue rapidamente. Tempere com sal a gosto, ¼ de colher (chá) de pimenta síria, misture a carne com a cebola e deixe cozinhar por mais 5 minutos, mexendo de vez em quando com a espátula para desmanchar um pouco os montinhos.

4. Regue a frigideira com cerca de 2 colheres (sopa) água, mexendo com a espátula para dissolver os queimadinhos da panela e incorporar os sabores do refogado — a quantidade de água pode variar. Não coloque muita de uma só vez para a carne não ficar aguada, apenas umedecida. Sirva a seguir.

Obs.: para cortar a cebola em meias-luas, primeiro corte em metades, passando a faca pelo "cabelinho" da cebola. Descasque a metade que vai usar e apoie a parte plana na tábua. Corte em fatias de cerca de 0,5 cm de espessura, começando pela parte oposta à raiz (ou cabelinhos). Pronto!

4. OVOS E SALADAS

ONZE OVOS E UM SEGREDO

Definitivamente, é dos ingredientes mais versáteis da cozinha. Além de ser essencial em uma infinidade de receitas, o ovo tem o poder de se transformar em uma refeição praticamente sozinho! A seguir, você aprende algumas técnicas para dominar os preparos. E lembre-se: o segredo ao usar os ovos é sempre quebrar cada um separadamente numa tigelinha — se um não estiver bom, você não perde a receita toda. Imagine você, num futuro próximo, preparando um quindão (tem receita no Panelinha!) com uma dúzia de ovos e o último ovo está estragado... Se não esquecer o segredinho, não vai perder os onze ovos.

ovo cozido

Leve uma panela pequena com água ao fogo médio. Quando ferver, mergulhe o ovo com o auxílio de uma colher ou escumadeira, para ele não bater no fundo e trincar. Abaixe o fogo. (Se desejar, faça um furinho na base da casca do ovo e adicione o caldo de ½ limão à água para ajudar a manter a casca sem rachaduras.) Cronometre:
4 minutos para ovo quente (clara macia e gema bem mole),
6 minutos para ovo mollet (clara cozida firme e gema mais líquida),
7 minutos para ovo com gema cremosa.
12 minutos para ovo com gema cozida, mas sem passar do ponto. Retire o ovo da panela e transfira para um porta-ovos ou mergulhe numa tigela com água fria para amornar e descascar mais fácil.

OVOS COZIDOS COM MOLHO MEDITERRÂNEO: este achado é do Ilan, meu marido. No episódio do *Rita, Help!* preparei assim: cozinhei os ovos por 7 minutos (veja as instruções acima); descasquei e, num prato, cortei em 3 ou 4 pedaços com uma colher. Para temperar:

2 colheres (chá) de limão siciliano
2 colheres (chá) de azeite
½ colher (chá) de zátar
1 pitada de pimenta calabresa seca
sal a gosto

ovos mexidos

Separe 3 ovos. Numa tigela pequena, quebre 1 ovo de cada vez e transfira para outra tigela — assim, se algum estiver estragado, você não perde a receita. Junte 2 colheres (sopa) de leite, tempere com uma pitada de sal e bata ligeiramente com um garfo. Numa frigideira pequena, derreta 1 colher (chá) de manteiga em fogo baixo. Junte os ovos e mexa com a espátula por cerca de 3 minutos, até que eles atinjam uma consistência cremosa. Para uma versão mais sequinha, mexa os ovos por cerca de 4 minutos. Transfira imediatamente para um prato e sirva a seguir.

omelete rústica

Uma omelete bem-feita, volumosa, cremosa por dentro, enche o cozinheiro de orgulho! Assim que dominar a técnica, experimente ousar nos recheios. Para conseguir uma omelete padrão cinco estrelas, duas coisas são fundamentais: uma boa frigideira antiaderente e um mexe-mexe na primeira parte do processo, para que os ovos formem uma base para receber o recheio, mas, ao mesmo tempo, fiquem cremosos.

1 Dá para usar 2 ovos, mas com 3 fica melhor. Quebre os ovos, um de cada vez, e bata com um garfo até a mistura ficar uniforme. Leve uma frigideira antiaderente pequena ao fogo baixo. Quando aquecer, adicione 1 colher (chá)

de manteiga e deixe derreter. Faça um movimento circular com a frigideira para espalhar a manteiga.

2 Junte os ovos batidos. À medida que as beiradas começarem a cozinhar, empurre-as para o centro da frigideira; não se assuste, a mistura vai ficar toda enrugada mesmo. Com esse processo, a parte que ainda está líquida escorre para a borda e cozinha rapidamente. O resultado é uma omelete mais úmida. Repita o processo até que não escorra mais. Quando a omelete estiver cozida, as beiradas desgrudam das laterais, mas o centro ainda está úmido. Essa é a hora de colocar o recheio de sua preferência e dobrar a omelete. Uma sugestão? Espinafre refogado e queijo parmesão, saboroso e arrebatador. Salada acompanha? Sim!

A FÓRMULA DO MOLHO DE SALADA

Molho de salada não precisa ser complicado. A fórmula é básica e, com um pouco de criatividade, as combinações são infinitas:

1 medida de ácido + 3 medidas de gordura + temperos a gosto.

O ácido pode ser vinagre de vinho, de arroz, de xerez, balsâmico, caldo de limão, de laranja etc. A gordura, azeite ou óleo — lembrando que há uma grande variedade, desde os básicos, como de milho ou soja, até os especiais, como de avocado, de castanha. Sal e pimenta-do-reino sempre. Mas, se quiser ir além, é só acrescentar a doçura do mel, ou sabores potentes, como mostarda, shoyu, ervas, especiarias... Quanto? Varia, mas comece sempre com ⅓ da medida usada para o ácido. Por exemplo, se está usando 1 colher (sopa) de vinagre e 3 colheres (sopa) de azeite, você precisaria de ⅓ de colher (sopa) de mostarda. Nessas horas, é bom saber que ⅓ de colher (sopa) = 1 colher (chá). Logo, use 1 colher (chá) de mostarda (ou mel, ou shoyu etc.). Coloque todos os ingredientes em um pote de vidro que tenha tampa e chacoalhe bem para misturar e emulsionar todos os ingredientes.

ABAIXO, LISTEI ALGUMAS DAS COMBINAÇÕES DE QUE MAIS GOSTO:

vinagre de vinho tinto + azeite + mostarda (+ mel)

vinagre balsâmico + azeite + mel

vinagre de vinho tinto + azeite + alho desidratado + pimenta calabresa + orégano

limão + azeite + pastinha de 1 dente de alho amassado com sal

vinagre de arroz + óleo de gergelim + shoyu + açúcar

Salada não precisa ser sempre de alface. Além de variar os tipos de folha, como rúcula, agrião e repolho, você pode transformar legumes (assados ou grelhados), grãos (feijão-fradinho, branco, lentilha ou grão-de-bico) e macarrão curto em saladas deliciosas. Confira ideias e receitas no www.panelinha.com.br.

cocotte de ervilha com ricota

No micro-ondas, a cocotte fica pronta antes mesmo de você pensar em pedir um delivery. E o preparo não poderia ser mais fácil!

1. Num ramequim individual (ou qualquer recipiente com capacidade para 250 ml que possa ir ao micro-ondas), coloque 2 colheres (sopa) de ricota (dê uma esfarelada), 2 colheres (sopa) de ervilha congelada e tempere com um fio de azeite, sal e pimenta-do-reino.
2. Em outra tigela, quebre um ovo e transfira para o ramequim. Repita com outro ovo — quebrando um de cada vez, se um deles estiver estragado, você não perde a receita. Fure as gemas com um garfo. Acrescente 2 colheres (chá) de leite e tempere com uma pitada de sal e noz-moscada ralada na hora. Não precisa misturar. Cubra o ramequin com um pedaço de papel-toalha — para garantir que as gemas não espirrem. Coloque o ramequin num prato e leve para cozinhar no micro-ondas em potência média por 2 minutos e 30 segundos, para uma cocotte com gema mole, ou 3 minutos, caso queira a gema firme. (O tempo pode variar de um aparelho para outro. Verifique e, se precisar, deixe cozinhar mais um pouco.) Se quiser preparar várias ao mesmo tempo, use o forno convencional. Preaqueça a 180 °C (temperatura média) e asse por 20 minutos. No forninho elétrico também funciona, mas fique atento ao tempo de cozimento, que pode variar de aparelho para aparelho.

Obs.: se você está começando a cozinhar agora, é provável que não tenha creme de leite fresco na geladeira. Mas vai que você tem... Use no lugar do leite. Fica uma delícia! Se quiser variar o sabor, use tomate em vez de ervilha.

Foi demais! Eu adorei. Meu irmão que não sabia cozinhar fez vários pratos que você ensinou.
Mônica Lopes

5. SOPA

CANJA É UM SÍMBOLO

A música e a sabedoria popular dizem que canja de galinha não faz mal a ninguém. Posso mudar um pouco a letra? Saber preparar canja de galinha não faz mal a ninguém! A sopa clássica, que começa com um caldo de frango e ganha arroz e legumes, é o símbolo maior da comida-conforto. E também é o símbolo de algo que foi se perdendo.

A indústria de ultraprocessados, com seu marketing bilionário, foi ocupando a cozinha de casa e fazendo as pessoas trocarem a comida de verdade por imitação de comida. O caldo de galinha, que era usado como base de sopas, ensopados e risotos, virou um cubo de sal e gordura — que nem é usado como caldo, mas como tempero do feijão, do arroz, até do refogado de legumes! As sopas viraram um pó cheio de corantes, aromatizantes, sal, açúcar e gordura. Depois, até fogão e panela saíram de cena: as sopas em pó individuais pedem apenas água aquecida em uma caneca. Além de piorar (e muito) a alimentação das populações, o resultado desse processo é a perda de autonomia. Quem embarca nessas falsas promessas de praticidade perde a capacidade de preparar uma simples canja de galinha — e, principalmente, de fazer escolhas.

Sempre digo que cozinhar é libertador. Você não depende da pauta da indústria de ultraprocessados, dos interesses do aplicativo de entregas nem de outra pessoa que cozinhe para você. Quem sabe se virar na cozinha pode fazer escolhas. E poder fazer escolhas é ter liberdade.

E mais: quem cozinha está combatendo esse sistema alimentar que privilegia as empresas em detrimento da saúde da população. Por isso, a questão não é só individual: do ponto de vista epidemiológico, as populações que menos cozinham são as que têm os índices mais altos de obesidade e doenças crônicas não transmissíveis. Não estou falando de estética, mas de saúde. Isso é um grande problema para os cofres públicos. Ter autonomia para cuidar da própria alimentação, preservando o padrão alimentar tradicional brasileiro, é também uma maneira de cuidar dos outros. E se tem uma coisa que a pandemia da Covid-19 deixou claro e cristalino é que tudo está conectado. Olha quanta coisa cabe numa panela de canja! A canja de galinha moderna (podemos chamar assim) é tão simples de preparar que você pode fazer para o jantar de hoje.

Se for a sua primeira canja de galinha, saboreie como se fosse um grito de independência. Porque é isso que ela é.

canja de galinha

TEMPO 1 hora e 30 minutos
SERVE 6 porções

1 peito de frango, com osso e pele
1 xícara (chá) de arroz
1 batata
2 cenouras
2 talos de salsão (as folhas de 1)
1 cebola
2 litros de água
2 folhas de louro
2 cravos-da-índia
2 colheres (chá) de sal
azeite a gosto
pimenta-do-reino moída na hora a gosto
endro (dill) fresco a gosto para servir

1. Descasque e corte a cenoura em meias-luas de 1 cm. Lave, seque e corte o salsão em fatias de 1 cm na diagonal (reserve as folhas de 1). Corte a cebola ao meio, descasque e prenda 1 folha de louro em cada metade, espetando com um cravo.
2. Numa panela média, coloque o peito de frango, a cenoura, o salsão (com as folhas reservadas) e a cebola cravejada. Cubra com a água e leve ao fogo alto. Assim que ferver, abaixe o fogo e deixe cozinhar por mais 40 minutos. Enquanto isso, descasque e corte a batata em cubos de 1 cm.
3. Com uma escumadeira, transfira o peito de frango para um prato e reserve. Retire e descarte as folhas de salsão e as cebolas cravejadas. Tempere o caldo com o sal, adicione o arroz e a batata. Tampe e deixe cozinhar, em fogo baixo, por mais 20 minutos, mexendo de vez em quando — atenção, não deixe o arroz cozinhar demais para não ficar empapado.
4. Enquanto o arroz cozinha, descarte a pele e desfie metade do peito de frango — você pode armazenar o restante na geladeira, ou no congelador para outra receita. Assim que o arroz estiver cozido, misture o frango desfiado e sirva a canja com folhas de endro frescas, azeite e pimenta-do-reino moída na hora a gosto.

FRANGO DESFIADO

Com a metade do peito de frango não usado na canja de galinha, você pode adiantar o preparo de outras refeições, como um salpicão, ou até mesmo um recheio saborosíssimo de sanduíche, como o montado na live "Ideias para montar sanduíches saudáveis e gostosos" (p. 79).

UMA SOPA PARA SE EXERCITAR NA COZINHA

Uma das grandes dificuldades das pessoas que ainda não estão habituadas a cozinhar é preparar as refeições com os ingredientes que elas têm na geladeira. Especialmente no jantar, sem o pê-efe como guia, fica tenso. O mais comum é pensar na refeição a partir do que está com vontade de comer. Ragu de carne? Você pesquisa a receita, faz as compras e cozinha. Nada de errado. Mas não serve para o dia a dia. Um planejamento semanal ajuda. Na hora do vamos ver, uma boa estratégia é pensar no cardápio a partir do que já tem na despensa ou na geladeira. Nas lives, até mostrei como procurar receitas no site Panelinha pelos ingredientes (é só digitar o nome do alimento na busca).

Às vezes, aparecem uns comentários assim: *"Adorei a torta de frango, mas não tenho farinha nem manteiga para a massa e também não como frango. Como posso substituir esses ingredientes?"*. Sugestão: substitua a receita.

Se ainda assim quiser fazer substituições, considere o tipo de alimentos. Não tem mandioca? Troque pela batata. Mas entenda que o tempo de cozimento pode mudar. Não come bacon? Não use! Não tem pimentão? Que outro legume aromático você tem por aí? Pode ser cenoura, alho-poró... O mesmo vale para as ervas e especiarias: não deixe de fazer a receita porque não tem salsinha. Finalize com cebolinha, coentro, até com manjericão. Para isso, você precisa conhecer mais os alimentos, os grupos, as texturas, os sabores, como eles se comportam com os diferentes métodos de cozimento. E como faz para conhecer tudo isso? Treinando. Por isso eu vivo dizendo que (se você já conhece a frase, pode repetir comigo) "cozinhar é como ler e escrever, todo mundo deveria saber". Mas ninguém nasce sabendo!

Eu sei que, logo de cara, não é fácil criar cardápios a partir dos ingredientes que você tem. Porque isso é saber cozinhar! Mas acredite: não é mágica, é treino. E o preparo dessa sopa é um bom ponto de partida para você se exercitar.

A FÓRMULA DA SOPA

A sopa pode ser uma entrada ou um prato único. Ela fica ótima com adereços, como farofinhas, creminhos etc. Para poupar tempo (e gás), resolvi fazer a fórmula da sopa para a panela de pressão. E quem tem medo da panela também tem uma oportunidade de superar esse obstáculo.

A FÓRMULA É MAIS OU MENOS ASSIM:

1 xícara (chá) de legumes aromáticos
Pode usar cebola, alho, salsão, cenoura, alho-poró, pimentão, gengibre.

2 xícaras (chá) de legumes principais
São os protagonistas da sopa, já picados: abobrinha, acelga, beterraba, batata...

3 xícaras (chá) de água Para uma sopa mais cremosa, use 2½ xícaras (chá de água). Mas você sempre pode cozinhar um pouco mais depois de abrir a tampa, até chegar à consistência que preferir.

Para temperar

Você pode acrescentar especiarias (canela, cominho, cúrcuma...) e ervas frescas (alecrim, tomilho, sálvia, cebolinha, louro). **ATENÇÃO:** jogue fora o caldo industrializado. Ele é a porta do inferno. Estraga a sua comida, o seu paladar e a sua saúde. Ao usar, você acaba ultraprocessando a comida caseira. Fora que você vai perdendo a autonomia para temperar.

E a gordura?

2 colheres (sopa) de azeite, manteiga ou óleo entram no refogado.

O PASSO A PASSO:

1. Refogue bem os legumes aromáticos picadinhos com a gordura que estiver usando. Tempere com sal.
2. Quando estiverem dourados, junte as especiarias e ervas. Misture bem.
3. Junte os legumes principais picados (ou em cubos), regue com a água, tempere com mais um pouquinho de sal e pimenta (se quiser) e tampe a panela.
4. Quando começar a apitar, conte 5 minutos. Desligue.

A MINHA SOPA FOI FEITA COM:

- Legumes aromáticos: cebola roxa, salsão, cenoura
- Gordura: azeite
- Especiarias: canela e páprica
- Ervas frescas: sálvia (esqueci do louro!)
- E estrelando... abóbora-japonesa

Acesse o especial Sopas no site Panelinha.

Bati no liquidificador e ainda deixei cozinhar mais um pouco para engrossar. Finalizei com farofinha de biju com manteiga e sálvia e, como tinha um pouquinho de leite de coco fresco, aproveitei a sugestão de uma *seguimora*-xará, Rita Maia, e reguei com um fiozinho.
Se quiser mais ideias e inspirações, visite o Panelinha. Dúvidas? Sim, sei que muita gente vai ter diversas. Mas a ideia é se exercitar na cozinha. Topa?

6. RISOTO

RISOTO FÁCIL OU MUITO FÁCIL?

Em casa, há basicamente duas formas de fazer risoto. No dia a dia, é na panela de pressão, em 3 minutos, com o preparo do caldo embutido no refogado — você já vai entender. A segunda, tradicional, é aquela em que você fica uns 20 minutos com a barriga encostada no fogão, com uma taça de vinho numa mão e a colher de pau na outra. Ótimo método para desanuviar, relaxar de um dia estressante ou aproveitar o fim de semana.

    Num sábado da quarentena, fiz uma live com o passo a passo do risoto de ervilha com hortelã, usando o método tradicional. Deu tempo até de ensinar o preparo do caldo de legumes, para todo mundo excluir de vez da despensa a versão industrializada, que estraga qualquer receita!

    O risoto na pressão foi feito para a série *Rita, Help!*, gravada em casa. Duas ótimas receitas para quem está começando na cozinha, porque, além de fáceis, levam ingredientes simples. Aliás, a escolha do risoto de ervilha foi justamente para mostrar como usar aquela congelada, que salva a refeição em dia de geladeira vazia.

risoto de ervilha e hortelã

TEMPO 1 hora   **SERVE** 6 porções

para o caldo
2 cenouras
2 talos de salsão (as folhas de 1)
1 cebola grande
2 litros de água
2 folhas de louro
2 cravos-da-índia
5 grãos de pimenta

1. Lave as cenouras e o salsão. Descasque as cenouras e corte em fatias grossas. Corte o salsão em pedaços de 5 cm. Descasque e corte a cebola ao meio. Em cada metade, prenda uma folha de louro, espetando com um cravo.
2. Numa panela média, coloque os ingredientes, cubra com a água e leve ao fogo alto. Quando surgirem as primeiras bolhas, abaixe o fogo e deixe cozinhar por 30 minutos.
3. Sobre uma tigela, coe o caldo numa peneira e volte o líquido para a panela. Mantenha aquecido.

para o risoto
2 xícaras (chá) de arroz para risoto
1 xícara (chá) de ervilhas congeladas (cerca de 150 g)
1,5 litro do caldo de legumes caseiro
½ cebola
½ xícara (chá) de vinho branco
2 colheres (sopa) de azeite
½ xícara (chá) de queijo parmesão ralado
50 g de manteiga
5 ramos de hortelã
sal e pimenta-do-reino moída na hora a gosto
queijo parmesão ralado e farofinha de pão a gosto para servir

1. Enquanto o caldo cozinha, descasque e pique fino a cebola.
2. Leve uma panela grande ao fogo médio. Quando aquecer, regue com 2 colheres (sopa) de azeite, adicione a cebola picada, tempere com uma pitada de sal e refogue até murchar. Acrescente o arroz e mexa bem por 3 minutos para envolver os grãos com azeite. Tempere com sal e pimenta — lembre-se de que o caldo caseiro não leva sal (não esqueça de coar o caldo).
3. Regue com o vinho e misture até secar. Adicione 2 conchas do caldo e misture bem. Deixe cozinhar, mexendo de vez em quando, até secar. Repita acrescentando o caldo de concha em concha, mexendo a cada adição.
4. Quando o risoto estiver quase no ponto (cerca de 12 minutos), adicione as ervilhas e misture bem. Siga acrescentando o caldo de concha em concha até o risoto ficar no ponto — o grão deve estar cozido mas ainda durinho no centro (*al dente*).
5. Atenção: na última adição de caldo, mexa e desligue o fogo. Não deixe secar completamente; o risoto deve ficar bem úmido. Acrescente a manteiga, o parmesão, as folhas de hortelã e misture bem. Prove e, se necessário, ajuste o sal. Sirva a seguir folhas de hortelã, queijo parmesão e farofinha de pão. Tem receita na p. 73.

REAPROVEITE ATÉ O ÚLTIMO GRÃO!

Dentro de mim mora aquele espírito de cientista que, quando descobre alguma coisa, quer contar para todo mundo. Foi assim na quarentena. (Pode ser que a grande descoberta seja uma coisa que a sua avó italiana sempre fez. Mas, curiosamente, eu nunca tinha visto.) Fiquei tão maravilhada com a ideia que mandei na hora uma foto do prato para a Carol Stamillo, chef da cozinha de testes do Panelinha. Ela respondeu: *"Mentiraaaaaa! Você usou caldo de legumes?"*. Eu respondi que tinha usado água, mesmo. E comentei: como a gente nunca pensou nisso? Como a gente nunca viu isso!? (Talvez você se decepcione quando eu contar o preparo, como num truque ridículo de programa de TV que tenta segurar a audiência com suspense e, no fim, não é nada...)

O ponto principal é: ninguém gosta de desperdiçar comida. Mas há pratos que não podem ser congelados ou requentados. Não funcionam bem. Só que, ainda assim, você pode reutilizar até o último grão de arroz! Ou, mais precisamente, de risoto.

sopa de risoto

Preparei duas xícaras de arroz, que rendem seis porções de risoto. Obviamente, foi o nosso almoço. Somos quatro pessoas em casa. Logo, sobrou risoto e, dois dias depois, ainda tinha uma boa quantidade na geladeira. Arancini, o bolinho de risoto, clássica preparação de reaproveitamento, é uma delícia. Mas não estava no clima para fazer uma fritura! E risoto tem essa questão, ele não é requentável, porque passa do ponto e vira uma papa.

Mas peralá: e se eu exagerasse na água para deliberadamente fazer uma papa? E se colocasse ainda mais água para fazer uma sopa?

Na panela, juntei o risoto com mais ou menos a mesma quantidade de água. Em outra panela, chamusquei um pouco de vagem holandesa fatiada e, no fim, reguei com azeite, juntei alho picado e sementes de coentro. Ah, sal e pimenta-do-reino

sempre. Enquanto a vagem dourava, mexi bem o risoto com a água para que ele fosse soltando o próprio amido. Resultado: a sopa ficou bem cremosa, uma prima de segundo grau da canja. O risoto foi feito com caldo, manteiga, vinho, cebola, queijo e ervilha. Mas a sopa foi feita com água. Portanto, apesar de a consistência ter ficado suculenta, precisaria de uma graça no sabor. Reguei com caldo de limão siciliano, salpiquei com zátar e ainda coloquei um fio de azeite. Por cima de tudo, a vagem bem douradinha.
Para o livro, testamos a preparação no método Panelinha com as medidas e o passo a passo certinhos para você também aproveitar essa ideia em casa. Ou, quem sabe, você pode perguntar para a sua avó como ela fazia aquela sopa de risoto na sua infância.

Para transformar a sobra de risoto em sopa (1 porção):
numa panela pequena, coloque ⅔ de xícara (chá) de risoto frio, junte 1 xícara (chá) de água e leve ao fogo baixo. Tempere com uma pitada de sal e deixe cozinhar por cerca de 10 minutos, mexendo de vez em quando até o arroz ficar bem macio e o caldo, levemente cremoso. Desligue o fogo e regue com o caldo de meio limão. Finalize com queijo ralado e ervas a gosto.

RISOTO NA PRESSÃO

Quem é freguês do Panelinha já conhece o risoto feito na panela de pressão — ele leva menos de 3 minutos para cozinhar. Rapaz!, é muito sucesso. Por isso, não faz sentido preparar um caldo, mesmo que ele só leve meia hora para cozinhar. Então, vamos preparar o caldo junto com o risoto. Como? Caprichando no refogado e adicionando uma cebola cravejada com louro, que vai perfumar a preparação.

Na receita a seguir, de espinafre, bato as folhas com a água. Mas que fique claro: isso é específico desta preparação. Em outras, você pode usar água, mesmo, purinha da silva.

Funciona assim:

- Para cada xícara de arroz você precisa de 2 de água — é diferente do método convencional, em que a proporção é de 1 para 3;
- Prepare um refogado com legumes aromáticos (como cebola, salsão, cenoura);
- Junte o arroz e mexa bem. Regue com vinho, usando ¼ da quantidade de arroz, e misture bem;
- Tempere com sal, junte a água, a cebola cravejada com uma folha de louro, tampe a panela e leve ao fogo alto;
- Quando começar a apitar, abaixe o fogo e deixe cozinhar por 2 minutos e 30 segundos no caso de 1 xícara de arroz ou 3 minutos para 2 xícaras;
- Depois que o vapor sair, abra a tampa, retire e descarte a cebola

cravejada e misture bem o arroz. Se estiver ressecado, adicione mais água fervente; caso contrário, junte manteiga e queijo parmesão e misture bem;
- Pronto, essa é a base do risoto. Agora, você vai adicionar os "recheios" que quiser. Ideias?

◆ Pera + gongonzola + nozes
◆ Abóbora assada + carne-seca + cebolinha
◆ Camarão grelhado + raspas de laranja + gengibre
◆ Cogumelos salteados + salsinha + parmesão
◆ Linguiça grelhada + ervilha + hortelã

Para começar, vamos de risoto de espinafre com uva-passa? Escolhi esse porque, dos risotos feitos na pressão, é dos mais diferentes: parte das folhas é batida com a água para dar um tom verdejante ao preparo. E para a cor ficar bem vibrante, o segredo é colocar uma pitada de bicarbonato de sódio (compre na farmácia se não encontrar no mercado). Além da uva-passa, que contrasta com espinafre, ainda polvilhei castanha-do--pará. A combinação de sabores fica luxuosa.

risoto de espinafre com uva-passa

TEMPO 30 minutos   **SERVE** 3 porções

1 xícara (chá) de arroz para risoto
½ maço de espinafre (3 xícaras [chá] de folhas)
1 cebola
1 talo de salsão
1 dente de alho
¼ de xícara (chá) de uvas-passas brancas
¼ de xícara (chá) de vinho branco
2 xícaras (chá) de água
3 colheres (sopa) de azeite
1 pitada de bicarbonato de sódio
2 cravos-da-índia
1 folha de louro
2 colheres (sopa) de manteiga
½ xícara (chá) de queijo parmesão ralado
sal e pimenta-do-reino moída na hora a gosto
castanha-do-pará picada a gosto para servir

1. Destaque as folhas de espinafre e lave bem sob água corrente. No liquidificador, bata metade delas com a água e reserve — esse vai ser o líquido de cozimento do risoto. A outra metade reserve no escorredor.
2. Descasque e corte a cebola ao meio. Numa das metades, prenda a folha de louro, espetando com os cravos. Pique fino a outra metade. Descasque e pique fino o dente de alho. Lave, seque e pique o salsão em cubos.
3. Leve uma panela de pressão (sem a tampa) ao fogo médio. Regue com 2 colheres (sopa) de azeite, adicione a cebola, o salsão e tempere com uma pitada de sal. Refogue por 3 minutos até murchar. Acrescente o alho e mexa por 1 minuto apenas para perfumar.
4. Adicione o arroz e misture bem. Regue com o vinho e mexa até secar. Junte as uvas-passas, a água batida com espinafre e a cebola cravejada. Tempere com sal e pimenta a gosto e adicione o bicarbonato. Tampe a panela e aumente o fogo.
5. Assim que começar a sair vapor pela válvula, diminua o fogo para médio e conte 2 minutos e 30 segundos. Enquanto isso, leve uma chaleira com 1 xícara (chá) de água ao fogo alto para ferver.
6. Desligue o fogo e espere o vapor sair completamente.
7. Abra a tampa da panela e, com uma pinça, pesque e descarte a cebola cravejada. Volte a panela ao fogo baixo, junte o restante das folhas de espinafre e adicione água fervente aos poucos, apenas para terminar de dar o ponto ao risoto — ele deve ficar cremoso, *al dente* e bem úmido.
8. Desligue o fogo, acrescente a manteiga e o queijo parmesão e misture bem. Prove e ajuste o sal e a pimenta. Sirva a seguir com castanha-do-pará picada.

Aos 67 anos, nunca aprendi a cozinhar. Quando a Rita estava usando a blusa dizendo que cozinhar é como saber ler e escrever, tem que saber, só faltava eu chorar. Em resumo, criei um filho sozinha e sempre trabalhei fora. Cozinhar, as poucas vezes em que tentei, nunca foi um prazer, até que veio a pandemia. Continua sendo bem complicado ir pra cozinha, mas pelo menos agora sei onde buscar informações completas, claras e muito bem-humoradas.
Ana Lucia Damiani

7. MACARRÃO

COMO COZINHAR MACARRÃO

Para muita gente, preparar um macarrãozinho é o primeiro passo na cozinha. Mas, na quarentena, muita gente demorou a dar o segundo passo e exagerou na cota das massas. Comer mais legumes, verduras e frutas é fundamental para manter a alimentação mais saudável. Então, para estimular a turma do macarrão a comer mais hortaliças, fiz um bê-a-bá do macarrão, e ainda preparei uma massa deliciosa com escarola e tomatinho. Vamos recapitular?

COMO CALCULAR A QUANTIDADE

Se a massa é um prato único, são 100 g por pessoa. Isso varia de casa para casa. Na minha, 500 g é suficiente para seis pessoas e sobra. Para medir massas curtas, considere 1 xícara (chá) por pessoa. Vale para penne, parafuso (fusilli) e gravatinha (farfalle).

Para massas menores, como risoni ou ave maria, a medida muda, pois elas rendem à beça: ¾ de xícara (chá) para 2 pessoas. Vai cozinhar ninhos? Três por pessoa.

COMO FAZER PARA NÃO GRUDAR?

São três pontos principais:

1. Quantidade de água O macarrão precisa de bastante água: de 4 a 5 litros para cada 500 g de macarrão e pelo menos 2,5 litros, para quantidades menores. Evite cozinhar mais de 1 kg numa mesma panela. Nesse caso, melhor dividir o volume em duas ou mais panelas.

2. Água fervente Só coloque a massa quando a água estiver fervendo com bolhas grandes. E deixe em fogo alto o cozimento todo!

3. Mexer o macarrão Principalmente no caso das massas longas, como espaguete, talharim, pappardelle, é fundamental mexer o macarrão na panela de vez em quando.
Lembrete! Nunca quebre as massas longas: coloque o macarrão na panela, deixe a parte em contato com a água cozinhar por alguns segundos, até ficar mais flexível, e, com uma colher, mergulhe o restante da massa.

SAL: SIM! ÓLEO: NÃO!

Água para macarrão deve ser salgada como a do mar. Na água já fervendo, coloque 1 colher (sopa) de sal para cada 2,5 litros de água. Já o óleo, esqueça! Ele dificulta a aderência do molho.

COMO SABER SE ESTÁ COZIDO?

Macarrão cozido em excesso, além de grudar, fica mais pesado e até menos saudável! Ele deve ficar *al dente*, ou seja, oferecer certa resistência ao ser mordido. Isso faz diferença na textura e também na digestão — se passa do ponto, vira açúcar mais rápido. As embalagens trazem o tempo de cozimento, mas o mais eficiente é provar: retire apenas um fio ou uma unidade e morda.

E DEPOIS DE COZIDO? PODE PASSAR NA ÁGUA FRIA?

Macarrão é comida para fazer e comer na hora. Enquanto a massa cozinha, deixe tudo a postos: molho aquecido, escorredor no jeito e mesa pronta. Assim que estiver no ponto, separe 1 xícara da água do cozimento (pode ser útil em algumas receitas de molho) e escorra o macarrão. Não deixe esperando no escorredor por muito tempo, para ele não grudar. Dê uma bela sacudida no escorredor para tirar o excesso de água e misture com o molho. Sirva imediatamente.

Não passe na água fria (ou corrente): isso dificulta a absorção do molho e a unificação de sabores. Exceção: salada de macarrão. Nesse caso, o macarrão deve ser cozido 1 minuto menos do que o indicado e passado na água corrente, ou mergulhado na água com gelo, para interromper o cozimento e ser servido frio.

macarrão com refogado de escarola e tomate e farofinha de pão

TEMPO 40 minutos   **SERVE** 2 porções

- 2 xícaras (chá) de fusili (ou outra massa curta de *grano duro*)
- ½ maço de escarola
- 1 xícara (chá) de tomates sweet grape
- 1 dente de alho grande
- ½ xícara (chá) de azeite
- sal a gosto
- queijo parmesão ralado para servir
- farofinha de pão (opcional) — tem receita a seguir!

1. Leve uma panela média com 2,5 litros de água ao fogo alto para ferver.
2. Destaque as folhas do maço de escarola e lave sob água corrente. Transfira para uma centrífuga de saladas e seque bem. Lave e seque os tomates.
3. Empilhe as folhas sobre uma tábua; corte ao meio no sentido do comprimento e depois em fatias grossas no sentido da largura. Corte os tomates ao meio. Descasque e pique o alho grosseiramente.
4. Assim que a água ferver, misture 1 colher (sopa) de sal, acrescente o macarrão e deixe cozinhar pelo tempo indicado na embalagem ou até ficar *al dente*. Enquanto isso, refogue a escarola com o tomate.
5. Leve uma frigideira grande (ou panela) ao fogo médio. Quando aquecer, regue com ¼ de xícara (chá) do azeite, adicione os tomates e misture bem. Acrescente a escarola fatiada, tempere com sal e refogue por cerca de 3 minutos, até murchar levemente. Desligue o fogo e reserve.
6. Assim que o macarrão estiver cozido, reserve ½ xícara (chá) da água do cozimento. Escorra a água, adicione o macarrão à frigideira com a escarola refogada e misture bem — caso necessário, acrescente na frigideira um pouco da água do cozimento reservada para formar um caldinho.
7. Em outra frigideira pequena, coloque o ¼ de xícara (chá) do azeite restante e o alho picado. Leve ao fogo médio e deixe aquecer por cerca de 2 minutos, ou até o alho começar a dourar. Atenção: não espere o alho dourar completamente para

tirar a frigideira do fogo, pois ele continua a fritar no azeite quente e pode queimar.

8 Transfira o macarrão com escarola para uma travessa e regue com o azeite quente e o alho frito. Sirva a seguir com a farofinha de pão.

para a farofinha de pão

1 pão francês amanhecido
  (ou 4 fatias de pão italiano)
1 dente de alho
2 colheres (sopa) de azeite
1 ramo de alecrim
sal a gosto
queijo parmesão ralado (opcional)

1 Lave, seque e debulhe os ramos de alecrim. Descasque o dente de alho. Corte o pão francês em fatias grossas.
2 No processador de alimentos (ou liquidificador), junte o dente de alho, as fatias de pão, o azeite e as ervas. Tempere com uma pitada de sal e bata até formar uma farofa grossa. Se preferir, misture queijo parmesão ralado a gosto.
3 Transfira a farofa para uma frigideira e leve ao fogo médio. Mexa com uma espátula por 5 minutos, ou até dourar. Transfira para uma tigela e deixe esfriar completamente antes de servir ou armazenar.

Obs.: a farofa permanece crocante por até 1 semana armazenada num pote com fechamento hermético.

SOBROU MACARRÃO COZIDO COM O MOLHO, E AGORA?

O molho quente — seja ele vermelho, branco, rosê — faz a massa continuar cozinhando. Então a sobra do macarrão com molho vai ficar bem da passadinha. *Per amore della nonna!* Não vai requentar no micro-ondas, né? (Risos) Vamos aproveitar a massa e criar uma capinha crocante. Duvida?

Para cada xícara de sobras de macarrão, use um ovo e uma colher (sopa) de queijo ralado. (E escorra bem o molho antes de misturar.) Aí, é só fritar com azeite na frigideira, por uns 5 minutos de cada lado. A fritata de espaguete é tão deliciosa que, se bobear, você vai querer cozinhar macarrão só para isso. Para a receita a seguir, use 100 g de macarrão cru. (Ou 2 xícaras de sobras de espaguete.)

fritata de espaguete

TEMPO 25 minutos   **SERVE** 2 porções (principal) ou 4 (aperitivo)

2 xícaras (chá) de espaguete cozido
2 ovos
2 colheres (sopa) de queijo parmesão ralado
3 colheres (sopa) de azeite
sal a gosto
muçarela burrata para servir
folhas de rúcula para servir
tomates sweet grape para servir

1. Numa tigela pequena, quebre um ovo de cada vez e transfira para uma tigela média — se um estiver estragado, você não perde a receita. Bata bem com um garfo para misturar as claras com as gemas, tempere com uma pitada de sal e misture o queijo parmesão ralado.
2. Junte o espaguete cozido (frio) à tigela e, com uma pinça, misture bem aos ovos.
3. Leve uma frigideira antiaderente média ao fogo médio (usei uma de 20 cm). Quando aquecer, regue com o azeite e gire a frigideira para untar todo o fundo — pode parecer muito azeite, mas esse é o segredo para deixar o macarrão crocante e dourado! Adicione o macarrão com ovos e, com uma espátula de silicone, acomode a massa na frigideira para deixar o formato bem redondinho.
4. Deixe o macarrão dourar em fogo médio por 2 minutos. Abaixe o fogo, tampe a frigideira e mantenha em fogo baixo por cerca de 5 minutos, ou até que a base da fritata esteja dourada e as laterais firmes.
5. Para virar, tampe a frigideira com um prato raso grande, segure firme com a palma da mão e com a outra vire a frigideira de uma só vez, como se fosse bolo. Escorregue a fritata de volta para a frigideira e, com a espátula, acomode as bordas. Aumente o fogo para médio para dourar o outro lado também por 2 minutos.
6. Abaixe o fogo e deixe terminar de cozinhar por mais 5 minutos, ou até firmar completamente e a base ficar dourada — nesta etapa, não tampe mais, caso contrário o vapor vai amolecer o topo, que deve estar bem crocante.
7. Transfira a fritata para uma tábua e sirva a seguir com burrata, tomate e folhas de rúcula.

Obs.: a fritata também pode ser preparada com antecedência e servida em temperatura ambiente.

8. PÃO (E SANDUÍCHE)

PÃO QUENTE SEM SAIR DE CASA!

Para muita gente, a quarentena virou a pãodemia. Até faltou fermento no mercado! O que teve de gente se aventurando no preparo de pães, né? Pão com fermentação natural, pão cascudo, daqueles que ficam horas descansando. Olha, deu gosto de ver. Mas também teve gente que só queria preparar um pãozinho em 5 minutos — coisas simples, como ir à padaria logo cedo pegar o pão, deixaram de fazer parte da rotina. E a própria rotina precisou de uma adaptação.

Tanta gente pediu ajuda para ter "pão quentinho sem sair de casa" que fiz duas lives com receitas de pães preparados na frigideira — não precisa de forno!

A primeira é o chapati da p. 76. Vai bem não só no café da manhã, como também para preparar os sanduíches sugeridos na p. 79 ou acompanhar refeições. A segunda receita é a piadina (passo a passo no site Panelinha ou vídeo no canal Panelinha). E também dei mais uma ideia, que não é de pão, mas é ótima para começar o dia: crepe francês (receita na p. 78).

Veja a receita da piadina no site Panelinha.

chapati

TEMPO 40 minutos   **RENDE** 10 pães

1 xícara (chá) de farinha de trigo
½ colher (chá) de sal
1 colher (sopa) de óleo
⅓ de xícara (chá) de água
farinha de trigo suficiente para polvilhar a bancada

1. Numa tigela grande, misture a farinha com o sal. Regue com metade da água e misture com a mão até formar uma farofa grossa — a farinha precisa entrar em contato com a água antes do óleo, para absorver melhor o líquido.
2. Adicione o óleo e misture bem. Ainda dentro da tigela, acrescente aos poucos o restante da água, amassando com a mão até que a massa absorva todo o líquido.
3. Sove a massa por 5 minutos: aperte, amasse, estique e amasse de novo, dentro da tigela, até atingir uma textura macia e elástica. Se quiser sovar na bancada, polvilhe a superfície com uma camada bem fina de farinha de trigo — é bem fina mesmo, senão o pão pode ficar ressecado.
4. Modele uma bola e embale com filme (ou cubra com um pano) e deixe descansar por 10 minutos — isso relaxa o glúten e faz o pão inflar com mais facilidade.
5. Modele um rolinho com a massa e, com uma espátula de padeiro (ou faca), divida em 10 porções. Polvilhe a bancada com farinha e aperte um pão com a palma da mão. Abra com o rolo de macarrão, até formar um disco bem fino — polvilhe a farinha sob e sobre a massa para não grudar. Atenção: caso queira um pão mais massudo, divida em menos porções. Em casa, já fiz 4 chapatis maiores com essa quantidade de massa. Nesse caso, não precisa abrir o disco tão fininho.
6. Leve uma frigideira média (de preferência antiaderente) ao fogo médio — não precisa untar. Quando estiver quente, bata o disco de massa contra as mãos para tirar o excesso de farinha e coloque na frigideira. Deixe o pão assar por 20 a 30 segundos, até começar a formar bolhas. Com cuidado para não rasgar a massa, vire com uma pinça e deixe por mais 15 segundos na frigideira — o pão vai começar a inflar. Se quiser finalizar na chama, acenda outra boca do fogão.
7. Tire o pão da frigideira com uma pinça e coloque diretamente na chama da outra boca do fogão para chamuscar levemente. Transfira o pão para um prato e cubra com um pano — assim os pães ficam macios e permanecem quentinhos. Repita com o os outros discos. Você também pode finalizar os chapatis na frigideira; basta deixar cozinhar por mais tempo depois de virar. Sirva a seguir.

Obs.: você pode armazenar os pães num saco plástico por até 3 dias.

QUEM VIU, VIU. QUEM NÃO VIU...

A única live da quarentena que não foi salva foi a que preparei um crepe para o café da manhã, num feriado preguiçoso — todas as outras transmissões estão salvas no canal Panelinha no YouTube e no IGTV. Fininho, dourado de todos os lados, recheio de queijo derretido... Uma ótima ideia para servir no lugar do pão. Em casa, prefiro fazer a massa bem neutra, só com uma pitada de sal. Fica mais versátil e cada um pode escolher se vai comer crepe salgado ou doce. Aliás, caso queira rechear com ricota ou carne e cobrir com molho de tomate ou branco, essa massa também funciona. E, se quiser fazer uma panqueca doce, seja para a sobremesa (com recheio de doce de leite!) ou para o café da manhã, pode colocar uma colher de açúcar na massa. Ou simplesmente polvilhe com açúcar e raspinhas de limão ao servir.

crepe

TEMPO 30 minutos + 20 minutos para a massa descansar **RENDE** 10 crepes

1½ xícara (chá) de leite
1 xícara (chá) de farinha de trigo
2 ovos
1 pitada de sal
manteiga para untar a frigideira

1. No liquidificador, junte o leite, os ovos, a farinha de trigo e o sal. Bata até ficar liso. Transfira para uma tigela e deixe descansar por no mínimo 20 minutos, em temperatura ambiente. Se quiser preparar a massa com mais antecedência, leve para a geladeira.
2. Depois do descanso da massa, leve uma frigideira antiaderente (ou panquequeira) de cerca de 20 cm de diâmetro ao fogo médio. Quando aquecer, coloque 1 colher (chá) de manteiga ou óleo.
3. Dê uma boa mexida na massa. Com a mão direita (se você for destro!), levante a frigideira e com a outra, coloque a massa com uma concha no centro da frigideira (cerca de ¼ de xícara de massa). Ao mesmo tempo, faça um movimento circular com a frigideira para cobrir todo o fundo. Mantenha em fogo médio. Quando as bolhas começarem a aparecer e o crepe soltar do fundo da frigideira, vire com uma espátula de silicone para dourar do outro lado.
4. Se for rechear, assim que virar de lado, espalhe em uma das metades queijo ou geleia, por exemplo. Dobre a outra metade sobre o recheio e, se necessário, vire novamente para dourar a metade que ficou para cima. Dobre para formar um triângulo e sirva a seguir. O processo todo leva menos de 3 minutos por disco. Transfira para um prato e repita com o restante da massa, sempre untando o fundo da frigideira com manteiga ou óleo.
5. Sirva com frutas frescas, no caso do crepe doce, ou com saladinha de tomate, no caso do crepe de queijo.

SEM LIQUIDIFICADOR

Se preferir, você pode preparar a massa da panqueca à mão. Numa tigela, misture bem com o batedor de arame 1 xícara (chá) do leite com a farinha, até ficar liso. Acrescente os ovos, o restante do leite, a pitada de sal e misture novamente para incorporar.

Esta receita curinga está fixada na porta da geladeira, serve para o café, almoço, lanche ou jantar.
André Assis

IDEIAS PARA MONTAR SANDUÍCHES SAUDÁVEIS E GOSTOSOS

Muita gente troca o jantar por sanduíche. Para deixar a refeição saudável, o truque é substituir os ultraprocessados, como pão de fôrma e frios comerciais, por comida de verdade. Para tirar do recheio o peito de peru, cheio de sal, açúcar e aditivos químicos, cozinhe um peito de frango em casa! É muito fácil e fica muito mais gostoso. A seguir você vai ver várias sugestões e ideias de recheios, pastinhas e patês, todas com receitas completas no site Panelinha.

Carnes para o recheio

Você pode preparar as receitas já pensando numa rodada de sanduíches para o jantar, ou reaproveitar o preparo de outras refeições, como o peito de frango da canja de galinha (p. 60), para otimizar o tempo na cozinha. Abaixo, tem oito sugestões de carnes que vão muito bem no recheio de sanduíches.

- Peito de frango cozido (desfiado ou fatiado)
- Peito de frango assado no papilote
- Pernil de porco na pressão
- Carne louca acebolada
- Carne de panela desfiada
- Salpicão de frango
- Faláfel (para quem não come carne)

Pastinhas para passar no pão

Você caprichou, preparou sua piadina e uma carne para o recheio, agora não vai passar requeijão ultraprocessado no pão, certo? Você pode preparar seu próprio requeijão (a receita, você sabe, tá no site Panelinha), ou investir em uma das pastinhas de queijo cremoso sugeridas abaixo. Mas, antes, olha que ideia boa: você pode aproveitar um delicioso pesto para passar no seu sanduíche! O molho de manjericão dura até quinze dias na geladeira e dá uma boa chacoalhada nas refeições. Além disso, você também pode incluir grãos e legumes. Todas as opções duram cinco dias na geladeira:

- Requeijão caseiro
- Queijo cottage
- Ricota
- Queijo cremoso de iogurte
- Pasta de grão-de-bico com azeite
- Homus (e suas variações: grão-de-bico, beterraba, cenoura, abóbora)
- Muhammara (pasta de pimentão vermelho)
- Patê de berinjela assada

Patês de carnes e ovos

As opções desta lista duram até três dias na geladeira
- Patê de atum
- Patê de frango com maçã
- Patê de beterraba com sardinha
- Pasta de ervilha com abacate
- Pasta de ovos

Hortaliças para o recheio

Se teve uma campanha que fiz durante a quarentena foi para você incluir mais hortaliças nas suas refeições. Não ia ser diferente com o sanduíche! Todas as receitas de hortaliças do capítulo 3 podem virar recheio ou acompanhamento de sanduíches.

Veja todas as receitas no site Panelinha.

9. BOLO

BOLO COM SABOR DE VITÓRIA

Um bolo perfuma a cozinha e muda o clima da casa. Bolo tem sabor de vitória. E todos estamos precisando disso. Para quem está chegando à cozinha agora — e é muita gente! — assar um bolo pode ser um desafio. Por isso, ele apareceu algumas vezes nas minhas lives do meio-dia. Mas uma das receitas considero especial: o bolo de cenoura com cobertura de chocolate, uma das mais acessadas no site Panelinha no período. E não é pra menos. Ele fica macio, bem fofinho, no ponto para receber uma cobertura crocantinha de chocolate.

Antes da receita, vamos repassar os detalhes do bolo perfeito, para garantir que ele não fique embatumado. E logo na sequência, um bolinho de micro-ondas, ideal para quando a vontade de comer é grande, mas a preguiça de preparar é maior! E não é com massa meia-boca. Você vai ver: é um bolo de chocolate perfumado com coco, levíssimo — e que você ainda pode comer quente! Tem melhor?

Tamanho da fôrma A relação entre a massa do bolo e o tamanho da fôrma muda totalmente o resultado. A regra é preencher ⅔ do volume da fôrma com a massa. Menos que isso, o bolo vira biscoito. Mais do que isso, transborda. Portanto, siga a indicação de tamanho descrita na receita. Mas, se quiser trocar, pense nas proporções: se a fôrma redonda é média, não use uma retangular pequena.

Preaqueça o forno Não é frescura: o fermento químico é ativado em dois momentos: ao entrar em contato com líquidos e com o calor. Para o bolo crescer, o forno precisa estar preaquecido a 180 °C (temperatura média).

Fermento ativo Aquele fermento que está aberto há séculos pode não estar mais funcionando. Para verificar se está ativo: coloque uma colherinha de fermento em um recipiente e pingue umas gotinhas de água. Se borbulhar, pode usar.

Temperatura dos ingredientes Este é um segredo que muitas vezes passa despercebido. Os ingredientes do bolo devem não devem estar muito gelados na hora do preparo, inclusive os ovos. Quando você preaquecer o forno, retire os ingredientes da geladeira.

O JEITO DE MISTURAR

Bolo é diferente de pão, que precisa de sova para ativar o glúten. No caso do bolo, a farinha vai ser adicionada por último, para ser apenas incorporada. É por isso que emulsionamos o ovo com a gordura e o açúcar e só juntamos com os outros ingredientes. No caso do bolo de cenoura, vão para o liquidificador o óleo, os ovos, o açúcar e as cenouras, que precisam ser trituradas. Essa mistura é transferida para uma tigela grande. A farinha (com o fermento e uma pitada de sal) vai ser misturada à mão, mexendo apenas o necessário para incorporar. Se mexer demais, o glúten é ativado e forma umas redes que impedem o bolo de crescer. Aí, ele sola. E você, neném? Chora!

Choque térmico Parece papo de avó, mas se o bolo sair do forno quentinho e tomar uma corrente de ar frio, murcha. Para evitar esse problema, retire o bolo do forno e coloque num local protegido (feche as janelas, desligue o ar--condicionado). Deixe o bolo esfriar por cerca de 15 minutos, antes de virar. Bolo quente racha!

Teste do palito Não fique abrindo o forno a toda hora para apreciar a beleza do seu bolo, deixe que ele cresça em paz. Se quiser, faça o teste do palito: espete um palito no centro do bolo; se sair limpo, está assado; caso contrário, deixe assar mais uns minutos. Se retirar o bolo do forno antes do tempo, ele vai ficar mal assado no centro e solar ao esfriar.

bolo de cenoura com cobertura de chocolate

TEMPO 40 minutos + 45 minutos para assar
SERVE 15 porções

3 cenouras médias (cerca de 360 g)
4 ovos
1 xícara (chá) de óleo de milho
1½ xícara (chá) de açúcar
2 xícaras (chá) de farinha de trigo
1 colher (sopa) de fermento em pó
1 pitada de sal
manteiga e farinha de trigo para untar e polvilhar a fôrma

1. Preaqueça o forno a 180 °C (temperatura média). Unte uma fôrma retangular de 20 cm x 30 cm com manteiga. Polvilhe com farinha de trigo, chacoalhe e bata sobre a pia para tirar o excesso.
2. Numa tigela, coloque a farinha, o sal e o fermento, passando pela peneira. Misture e reserve.
3. Lave e descasque as cenouras. Descarte a ponta da rama e corte as cenouras em rodelas.
4. Numa tigela pequena, quebre um ovo de cada vez e transfira para o liquidificador — se um estiver estragado, você não perde a receita. Junte as cenouras, o óleo e o açúcar e bata bem até ficar liso, por cerca de 5 minutos.
5. Transfira a mistura líquida para uma tigela grande e adicione aos poucos os ingredientes secos, misturando delicadamente com um batedor de arame para incorporar.
6. Com cuidado, transfira a massa para a fôrma e leve ao forno para assar por cerca de 45 minutos. Para saber se o bolo está pronto, espete um palito na massa: se sair limpo, pode tirar do forno; caso contrário, deixe por mais alguns minutos, até assar completamente. Deixe esfriar por 15 minutos antes de desenformar.

para a cobertura

¾ de xícara (chá) de chocolate em pó
½ xícara (chá) de açúcar
1½ colher (sopa) de manteiga
½ xícara (chá) de água

1. Numa panela pequena junte o chocolate, o açúcar, a manteiga e a água. Leve ao fogo médio e mexa com o batedor de arame até ferver.
2. Depois que começar a ferver, mexa por mais 6 minutos, até a calda engrossar e começar a desgrudar do fundo da panela. Regue a calda quente sobre o bolo frio (já desenformado) e deixe esfriar. Sirva a seguir.

Obs.: se preferir, meça a cenoura em xícaras, já ralada. Para 3 cenouras médias a medida equivalente é 2¼ de xícaras (chá)

QUANTA CENOURA?

A quantidade altera o bolo. Cenoura de menos: bolo sem graça e que esfarela. Cenoura demais: massa pesada e pode solar. Então, anota aí: uma cenoura média pesa cerca de 120 g e ralada rende ¾ de xícara (chá).

bolo de chocolate de caneca

TEMPO 10 minutos **SERVE** 3 porções

1 OVO
3 **colheres (sopa) de óleo**
4 **colheres (sopa) de leite de coco**
4 **colheres (sopa) de chocolate em pó**
3 **colheres (sopa) de açúcar**
3 **colheres (sopa) de farinha de trigo**
½ **colher (chá) de fermento em pó**

1. Numa tigela média, quebre o ovo. Junte o óleo, o leite e misture bem com um batedor de arame (ou com um garfo).
2. Adicione o chocolate em pó e a farinha, passando por uma peneira. Acrescente o açúcar e misture vigorosamente, até que a massa fique lisa. Por último, misture o fermento.
3. Divida a massa em 3 xícaras (ou 1 xícara e 1 tigelinha um pouco maior), sem deixar ultrapassar ⅔ da capacidade. Leve ao micro-ondas, na potência máxima, para rodar por 3 minutos. Se quiser, coloque os recipientes num prato dentro do forno — fica mais fácil na hora de tirar.
4. MUITO CUIDADO na hora de tirar do micro: as xícaras ficam bem quentes — se for servir para crianças, espere esfriarem um pouco.

FORNO CONVENCIONAL
Se você preferir, pode assar os bolinhos no forno convencional preaquecido a 180 ºC (temperatura média) por 15 minutos.

ACHOCOLATADO NAO DÁ!

Não é só porque é um ultraprocessado. Se você der uma espiada na lista de ingredientes do rótulo vai cair para trás: tem mais açúcar que cacau e leva aditivos químicos, como emulsificantres, aromatizantes, maltodextrina. Não faz sentido usar isso no *seu* bolo e no *seu* brigadeiro.

> *Acompanhar a Rita Lobo é fazer um curso de culinária, prático e saudável!!! Tenho aprendido muito!!! E é muito prazeroso!!!*
> **Denise Ferraz Costa**

10. BRIGADEIRO(S)

UM DOCE TÍPICO (E UMA INVENÇÃO)

Eu não podia me despedir sem esse doce essencial na vida do brasileiro — como é que eu ia dizer que ensinei você a cozinhar sem mostrar o passo a passo de um brigadeiro? Só uma coisinha, antes de irmos para a receita: se der, faça com chocolate em barra. Se for com 70% de cacau, então, aí é outro nível! Você não vai acreditar no sabor e na textura, mais aveludada por causa da manteiga de cacau. É espetacular. Se não tiver uma barra, pode usar chocolate ou cacau em pó (só não vale achocolatado). E, para fechar o livro, uma receita que surgiu do nada, só porque eu estava morrendo de vontade de comer um docinho. Pensei: *"Vou fazer um brigadeiro de tahine?"*. É sério. É surreal de bom. Leva só leite condensado e a pasta de gergelim típica da culinária árabe (vai no homus, no babaganoush, no recheio do quibe). Foi uma descoberta da quarentena e virou hit aqui em casa

brigadeiro de chocolate 70%

TEMPO 15 minutos   SERVE 4 porções

1 lata de leite condensado
50 g de chocolate amargo 70% cacau (ou 2 colheres [sopa] de chocolate ou cacau em pó)
2 colheres (sopa) de manteiga
⅓ de xícara (chá) de nibs de cacau (opcional)

1. Se for usar a versão em pó, dissolva o chocolate em 2 colheres de leite quente (ou água, tanto faz), antes de juntar com o leite condensado na panela. É só mexer bem. Mas faz a maior diferença no resultado. Numa panela pequena, junte a manteiga, o leite condensado e o chocolate, já cortado em pedaços. Leve ao fogo médio e mexa com uma espátula de silicone, até o chocolate e a manteiga derreterem.
2. Mantenha a panela em fogo médio e troque a espátula pelo batedor de arame — ele ajuda a deixar o brigadeiro mais cremoso. Mexa vigorosamente por cerca de 8 minutos, até começar a soltar do fundo da panela.
3. Transfira o brigadeiro para uma tigela de servir e deixe amornar. Sirva polvilhado com nibs de cacau.

brigadeiro de tahine

DE MICRO-ONDAS

Modestamente, talvez (talvez...) esta receita (feita em 1 minuto!) no micro-ondas seja um achado para a paz no Oriente Médio. #ironia! Todo mundo vai gostar, mas quem tem origem judaica ou árabe vai se lembrar da halva, ou halawi, deliciosa para acompanhar o café. Duas dicas: se quiser fazer uma quantidade maior, use o fogão e uma panela convencional. E se preferir deixar com mais jeitão de halva, aumente a quantidade de tahine.

TEMPO 5 MINUTOS   SERVE 2 PORÇÕES

¼ de xícara (chá) de leite condensado
1 colher (sopa) de tahine (pasta de gergelim)

1. Numa tigela de vidro (ou outro material que possa ir ao micro-ondas), coloque o leite condensado, o tahine e misture bem.
2. Leve ao micro-ondas, em potência alta, para rodar por 1 minuto. Com cuidado e utilizando um pano de prato, retire do micro-ondas e mexa com uma espátula até ficar uniforme e cremoso, como um brigadeiro de colher — ele sai com aparência de talhado, não se assuste, é assim mesmo. Se estiver muito líquido, rode no micro-ondas por mais 15 segundos.
3. Deixe amornar ou sopre bem a colher! Sabe o que mais? Com pistache picado fica um luxo!

LISTA DE COMPRAS DA DESPENSA

Tenha sempre em casa: ingredientes culinários básicos para o preparo das refeições, ingredientes secos e boas conservas.

INGREDIENTES CULINÁRIOS
(além de sal e açúcar)

Azeite: fundamental para refogar, assar e temperar. Serve para preparos práticos, como espaguete alho e óleo, e duráveis, como molho pesto (faça a mais e guarde).
Óleo vegetal neutro (de milho): é base de bolos de liquidificador e fundamental para estourar pipoca e fritar batata.
Manteiga: além de servir para passar no pão, vai na massa da quiche, na farofinha do crumble, no refogado do chuchu. E pode congelar o tablete para usar depois.
Pimenta-do-reino: os grãos têm boa durabilidade e dão sabor especial aos preparos. Não compre a pimenta já moída!
Especiarias: cominho, canela, cúrcuma, gengibre em pó, noz-moscada e páprica ajudam a variar os sabores das refeições, mesmo com os alimentos de sempre.
Tahine (pasta de gergelim), pasta de amendoim, shoyu: são boas alternativas para variar os sabores e base para refeições nada convencionais.
Mel: do café da manhã ao vinagrete para a salada, com a vantagem de durar bastante.
Leite: além de ser dupla com o café (confira se tem café), é um ingrediente básico.
Queijo: prefira meia cura e parmesão, que duram mais. Eles vão para o forno em gratinados, para o recheio da batata rosti e do queijo quente, para o pão de queijo...
Iogurte: puro, com granola ou como acompanhamento fresquinho para pratos como o arroz com lentilha e sopas. Também vira pastinhas deliciosas e molho de salada.

OS SECOS E AS CONSERVAS
Grãos, cereais e outros ingredientes para compor refeições

Arroz: branco, integral, japonês, cateto, arbório... Base de refeições variadas, do pê-efe ao arroz frito.
Feijão: cozinhe, porcione e congele para ter sempre à mão. Na hora da refeição, é só preparar um refogado (capriche nas hortaliças), e pronto!
Lentilha: eu amo lentilha. Cozinha rápido e rende, além do ensopado, saladas e sopas sensacionais.
Grão-de-bico: pode comprar o que vem cozido, na caixinha ou na lata, para preparar ensopados, salada, hommus.
Cuscuz marroquino: é super-rápido de preparar, dura bastante e pode ser prato único para o jantar.
Cuscuz de milho: muito além do café da manhã! Prove como acompanhamento, no lugar do arroz.
Massa: maior curingão, macarrão vira jantar com pouquíssimos ingredientes. A massa pode ser longa, como o espaguete e o talharim, e curta, como penne, orecchiette e farfalle.
Polenta: a instantânea cozinha em cinco minutos, mas também pode ser aquela que leva mais tempo para cozinhar. A polenta é grande aliada da variação para o dia a dia.

Tomate pelado e passata de tomate: viram molho de macarrão e também dão cor e sabor a ensopados e cozidos.
Sardinha e atum: os peixes enlatados são ingredientes de receitas práticas e facílimas de preparar.
Azeitonas, anchovas, alcaparras: com sabor intenso, ajudam a deixar as refeições mais interessantes.
Farinha de trigo: bolos, pães, quiche, torta, massa caseira... Para quem tem criança em casa, vale comprar um pouco a mais, para garantir as oficinas de biscoito.
Farinha de milho: prepare farofas úmidas, com bastantes hortaliças, para variar o arroz do dia a dia.
Farinha de mandioca: para farofas, empanados e o incrível mexidinho de arroz com feijão.
Polvilho azedo: se não pode faltar pão de queijo, veja se tem polvilho.
Polvilho doce: garanta a tapioca do café da manhã.
Fubá: para o bolo, para a broa e para a pizza do domingo ficar igual à da pizzaria.

OS CAMPEÕES DA FEIRA

Alguns vegetais duram que é uma beleza e garantem a presença de legumes e verduras na mesa todo dia — mesmo quando a saída para as compras é restrita, como durante a quarentena.

É bom ter uma lista formulada de acordo com o cardápio da semana. Assim, além de evitar o desperdício de alimentos, você garante variedade em todas as refeições. A dica é simples: as hortaliças mais delicadas, como rúcula, alface e abobrinha podem figurar nas refeições dos primeiros dias da semana. Já as mais resistentes, como o repolho, a acelga, a batata e o chuchu, aguentam vários dias na geladeira e podem ser preparadas para as refeições dos outros dias do planejamento. Veja abaixo uma lista de alimentos frescos com boa durabilidade para os tempos de mobilidade reduzida.

Cebola: no refogado, como acompanhamento e até como molho de macarrão!
Alho: assim como a cebola, também vira acompanhamento e até pastinha para passar no pão.
Limão: as raspas da casca perfumam preparos diversos, e o caldo, além de sabor, dá um toque de acidez que equilibra os pratos.
Batata: como é versátil! E dura que é uma beleza.
Batata-doce: boa alternativa à batata!
Beterraba: vira sopa, colore o risoto e rende saladas deliciosas.
Chuchu: refogadinho, é um clássico, assado é um clássico do Panelinha. Este legume brasileiro também é campeão de resistência.
Inhame: pode virar chips crocantes e acompanhamento perfumado.
Abóbora: compre inteira e varie o uso: em fatias (grelhada), em cubos (assada), como purê e doce!
Rabanete: fatie fininho para saladas atrevidas ou asse (uma delícia surpreendente).
Repolho: verdura durável, é um clássico da quarentena. E tem muita receita no Panelinha!
Acelga: dura até duas semanas na geladeira e rende refeições variadas, do picadinho ao rolinho.
Ovos: ultraversáteis e ultraduráveis.

Copyright © by Rita Lobo, 2020
Grafia atualizada segundo o Acordo
Ortográfico da Língua Portuguesa de 1990, que
entrou em vigor no Brasil em 2009.

EDITORA PANELINHA

PUBLISHER
Rita Lobo

DIRETOR
Ilan Kow

COORDENAÇÃO EDITORIAL
Victoria Bessell de Jorge

PROJETO GRÁFICO E DIAGRAMAÇÃO
Tereza Bettinardi

IDENTIDADE VISUAL
Carlos Bêla

REVISÃO
Isabel Cury

TRATAMENTO DE IMAGEM
Gilberto Oliveira Jr.

EQUIPE PANELINHA
Carolina Stamillo
Ana Paula Almagro
Gabriela Funatsu
Priscila Mendes
Amanda Fiorentino
Heloisa Lupinacci
Natália Mazzoni
Camilla Demario
Sheila Komura
Isabela Spector
Sandi Paiva

Dados Internacionais de Catalogação na Publicação (CIP)
(Jeane Passos de Souza CRB 8ª/6189)

Lobo, Rita
　Rita, help! / Rita Lobo. – São Paulo: Editora Senac
　São Paulo; Editora Panelinha, 2020

ISBN 978-65-5536-202-2 (impresso/2020)
e-ISBN 978-65-5536-203-9 (ePub/2020)

1. Culinária 2. Culinária prática (receitas e preparo) I. Título

CDD – 641.5 / 641.55
20-1166t   BISAC CKB 101000

Índices para catálogo sistemático:
1. Culinária prática (receitas e preparo) 641.5

Todos os direitos reservados à
EDITORA PANELINHA LTDA.
Al. Lorena, 1304, cj. 1307 | CEP 01424-000
São Paulo – SP
www.panelinha.com.br
panelinha@panelinha.com.br

ADMINISTRAÇÃO REGIONAL DO SENAC NO ESTADO DE SÃO PAULO

PRESIDENTE DO CONSELHO REGIONAL
Abram Szajman

DIRETOR DO DEPARTAMENTO REGIONAL
Luiz Francisco de A. Salgado

SUPERINTENDENTE UNIVERSITÁRIO E DE DESENVOLVIMENTO
Luiz Carlos Dourado

EDITORA SENAC SÃO PAULO

CONSELHO EDITORIAL
Luiz Francisco de A. Salgado
Luiz Carlos Dourado
Darcio Sayad Maia
Lucila Mara Sbrana Sciotti
Jeane Passos de Souza

GERENTE/PUBLISHER
Jeane Passos de Souza
(jpassos@sp.senac.br)

COORDENAÇÃO EDITORIAL/PROSPECÇÃO
Luís Américo Tousi Botelho
(luis.tbotelho@sp.senac.br)
Dolores Crisci Manzano
(dolores.cmanzano@sp.senac.br)

ADMINISTRATIVO
grupoedsadministrativo@sp.senac.br

COMERCIAL
comercial@editorasenacsp.com.br

IMPRESSÃO E ACABAMENTO
Coan Indústria Gráfica Ltda.

Proibida a reprodução sem autorização expressa.
Todos os direitos desta edição reservados à
EDITORA SENAC SÃO PAULO
Rua 24 de Maio, 208 – 3º andar – Centro
CEP 01041-000
Caixa Postal 1120 – CEP 01032-970
São Paulo – SP
Tel. (11) 2187-4450 – Fax (11) 2187-4486
editora@sp.senac.br
www.livrariasenac.com.br